d

Friedrich Hebbel

Ergründe die Welt, und nicht die Bücher

Einfälle, Reflexionen,
Beobachtungen
Ausgewählt und mit
einem Vorwort von
Egon Friedell
Mit einem Nachwort von
Wolfgang Lorenz

Diogenes

Titel der 1909 in Stuttgart
veröffentlichten Originalausgabe:
›Hebbel. Ein verkleinertes Bild
seines Gedankenlebens‹
Die erste Ausgabe im Diogenes Verlag
erschien 1992 als Taschenbuch
Die vorliegende Ausgabe erscheint
mit freundlicher Genehmigung
von Annemarie Kotab
Frontispiz: Friedrich Hebbel,
Lithographie von J. Kriehuber (Ausschnitt)
Abdruck mit freundlicher Genehmigung
des Hebbel-Museums Wesselburen und
der Hebbel-Sammlung am Institut für
Neuere Deutsche Literatur
und Medien der Christian-Albrechts-Universität zu Kiel
Umschlagfoto von J. Cox (Ausschnitt)
Copyright © J. Cox / WILDLIFE / Juniors

Inhalt

Vorwort

»Das ganze Leben ist ein verunglückter Versuch des Individuums, Form zu erlangen.«
Tagebuch vom 19. August 1843

Christian Friedrich Hebbel wurde am 18. März 1813 in Wesselburen in Norderdithmarschen geboren. Sein Vater war Maurer; fleißig und verläßlich, aber nicht besonders geschickt, daher im Winter bisweilen ohne Verdienst. Er war ein finsterer und wortkarger Mann, der es nicht gern hatte, wenn die Kinder lachten oder überhaupt sich hören ließen. Die Mutter entstammte einer Wesselburner Bürgerfamilie, sie war eine leicht aufbrausende, aber ebenso versöhnliche Frau, dabei nicht ohne ein gewisses ahnungsvolles Verständnis für Höheres; ihr allein hatte es Hebbel zu verdanken, daß er von Anfang an eine ordentliche Schulerziehung genießen durfte und nicht nach dem Wunsch seines Vaters ein Bauernjunge wurde. An Streitigkeiten und Reibereien, wie sie die Sorge um den täglichen Lebensunterhalt hervorzubringen pflegt, hat es in Hebbels Elternhaus niemals gefehlt; aber man schlug sich doch zur Not durch, ohne gerade zu hungern, denn das kleine Haus, in dem Hebbel geboren wurde, gehörte den Eltern und half ihnen über den Winter hinweg.

Zunächst kam Hebbel in die sogenannte »Klippschule«, wo ihm die Jungfer Susanne das Lesen und Schreiben beibrachte, und von da in die Elementarschule des Ortes zum Lehrer Dethlefsen, an den er immer eine freundliche Erinnerung bewahrt hat. In diese Zeit fällt das erste traurige Ereignis seines Lebens: die Eltern mußten ihr Häuschen verkaufen, und jetzt erst begann eine Zeit der wirklichen Not. »Ich war, ohne es selbst zu wissen, bis dahin ein kleiner Aristokrat gewesen und hatte nun aufgehört, es zu sein.« In der Schule machte er jedoch weiter gute Fortschritte, daneben las er alles, was er nur irgend bekommen konnte, und an dem Leben zu Hause und im Dorfe entwikkelte er bald jene Frühreife der Lebenskenntnis, die ja bei Proletarierkindern überhaupt nichts Seltenes ist.

Hebbel war wenig über vierzehn Jahre alt, als sein Vater starb. Nun begann die Not erst recht, aber Dethlefsen half seinem Lieblingsschüler weiter und brachte ihn zum Kirchspielvogt Mohr, dem angesehensten Mann des Ortes. Bei diesem hat Hebbel acht Jahre verbracht, zunächst als eine Art Laufbursche, später als Kanzlist. An diese Jahre denkt Hebbel mit der größten Bitterkeit, und es waren auch wahrscheinlich seine schwersten. Die ökonomische Not war in seiner späteren Zeit vielleicht bisweilen noch größer, aber in einer so abhängigen Stellung hat er sich nie wieder befunden. Eine große Annehmlichkeit bot jedoch Mohrs große Bibliothek, der Hebbel die Grundlage seiner ganzen Bildung verdankte. Es fehlte auch nicht an einer gewissen Geselligkeit, es gab Zusammenkünfte bei den Familien des Ortes, und Hebbel erlebte seine ersten kleinen Abenteuer mit Frauen.

In Friedrichstadt erschien damals ein kleines Wochenblatt, der »Dithmarser und Eiderstedter Bote«, und hier sind die ersten literarischen Arbeiten Hebbels in den Jahren 1829–1832 erschienen. Es sind Gedichte in Schillerscher Manier und Epigramme in der Art Lessings, beides unselbständig, aber in der Form überraschend vollkommen. Besonders der Einfluß Schillers ist sehr deutlich: die Gedichte sind voll »Sprachschaum« (wie Hebbel selbst sich später ausgedrückt hat), der Gedanke tritt überall vor die Anschauung. Allmählich wird jedoch Schiller vollständig von Uhland verdrängt, an dem Hebbel zweifellos seinen stärksten literarischen Jugendeindruck gehabt hat, obgleich er ihn, als eine Art Antidot gegen die Schillersche Reflexionslyrik, ein wenig überschätzt hat. Er schreibt darüber in seinem Tagebuch: »Was ich zuerst zu bemerken habe, ist der Tag, an welchem mir Uhland zuerst entgegentrat. Ich las von ihm in einem ›Odeum‹ ein Gedicht: des Sängers Fluch, und war jemals ein Gedicht ein Alp gewesen, der mich erdrückte, so war es dieses. Es führte mich auf einen Gipfel, dessen Höhe ich im ersten Augenblick nur dadurch erkannte, daß mir die Luft zum freien Atmen fehlte. Ich hatte mich bei meinem Nachleiern Schillers – über diesen Lyriker spricht der Umstand das Urteil, daß er dem Menschen in der Jugend nahe steht und bei vorgerückten Jahren ferne, wogegen bei anderen Dichtern das umgekehrte Verhältnis stattfindet – sehr wohl befunden und dem Philosophen manchen Zweifel, dem Ästhetiker manche Schönheitsregel abgelauscht, um Seitenstücke zum ›Ideal und Leben‹ und zu anderen Treibhauspflanzen, die es bei erkünstelter Farbe doch nie zu Geruch und Geschmack bringen, zu liefern; von Goethe war mir nur wenig zu Gesicht gekommen, und ich hatte ihn um so mehr etwas geringschätzig behandelt, weil sein Feuer gewissermaßen ein unterirdisches ist, und weil ich überhaupt glaubte, daß zwischen ihm und Schiller ein Verhältnis, wie etwa zwischen Mohammed und Christus, bestehe; daß sie fast gar nicht miteinander verwandt seien, konnte mir nicht einfallen. Nun führte Uhland mich in die Tiefe einer Menschenbrust und dadurch in die Tiefen der Natur hinein; ich sah, wie er nichts verschmähte – nur das, was ich bisher für das Höchste angesehen hatte, die Reflexion! – wie er ein geistiges Band zwischen sich und allen Dingen aufzufinden wußte, wie er, entfernt von aller Willkür und aller Voraussetzung – ich weiß kein bezeichnenderes Wort – alles, selbst das Wunderbare und Mystische, auf das einfach Menschliche zurückzuführen verstand, wie jedes seiner Gedichte einen eigentümlichen Lebenspunkt hatte, und dennoch nur durch den Rückblick auf die Totalität des Dichters vollkommen zu verstehen und aufzunehmen war. Dieses reine, harmonische Glockenspiel erfreute mich solange, bis ich es zu seinem Ursprung zu verfolgen und mir über den Eindruck, den es auf mich hervorgebracht, Rechenschaft zu geben suchte; und nicht ohne der Verzweiflung, ja dem Wahnsinn nahe gewesen zu sein, gewann ich das erste Resultat, daß der Dichter nicht in die Natur *hinein*, sondern aus ihr *heraus* dichten müsse.«

Im Winter 1831 schrieb er sein erstes Theaterstück *Der Vatermord*, ein »dramatisches Nachtgemälde« in der Art der Schicksalstragödien, aber ohne deren spiritistischen Apparat. Das Theater begann ihn überhaupt stark anzuziehen; er begründete eine Liebhaberbühne und hatte den Plan, Schauspieler zu werden. Er scheiterte jedoch mit beiden: das Liebhabertheater brachte es nicht über einen Winter, und als er sich von Lebrun, dem Direktor des Hamburger Stadttheaters, prüfen ließ, sprach ihm dieser jede Aussicht auf eine schauspielerische Karriere ab. Inzwischen hatte jedoch die Schriftstellerin Amalia Schoppe, die in Hamburg die »Neuen Pariser Modeblätter« herausgab, ihre Aufmerksamkeit auf den jungen Hebbel gerichtet, und es war ihr gelungen, durch eine Art Kollekte den Betrag von 150 Talern für ihn zusammenzubringen, ihm außerdem Freitische bei wohlhabenden Bürgern zu erwirken und so einen längeren Aufenthalt in Hamburg für Hebbel notdürftig zu sichern. So kam Hebbel Anfang 1835 nach Hamburg, um zunächst das Allernötigste an philologischen Studien nachzuholen und dann sogleich die Universität zu beziehen, denn seine Gönner hatten ihn der juristischen Laufbahn bestimmt.

Das Hamburger Jahr steht unter dem Einfluß zweier Frauen: Amalia Schoppe und Elise Lensing. Die »Doktorin« Schoppe stand damals auf der Höhe ihrer schriftstellerischen und journalistischen Wirksamkeit, die sie mit großer Agilität und nicht ohne Geschicklichkeit betrieb; sie war gutmütig und intelligent, dabei aber sehr herrschsüchtig und nicht gewohnt, fremde Individualitäten zu achten; vor allem scheint es ihr jedoch an jedem feineren Takt gefehlt zu haben. Elise Lensing wurde Hebbels Geliebte, aber sie war neun Jahre älter als er, also einunddreißig, als er sie kennen lernte, und überhaupt niemals schön gewesen. Sie war jedoch aus gutbürgerlichem Hause, wohlerzogen, nicht ungebildet und von anschmiegsamem weiblichem Verständnis, das freilich niemals zu einer wirklichen geistigen Gemeinschaft mit Hebbel ausgereicht hat. In Elise fand Hebbel zum erstenmal einen Menschen, der den Willen und die Fähigkeit hatte, sich in ihn zu versenken, und es ist nicht zu verwundern, daß dies einen tiefen und belebenden Eindruck auf ihn gemacht hat. Die nächsten zehn Jahre hat Elise Hebbels Leben geteilt oder doch aus der Ferne begleitet, oft als eine schwerempfundene Last, aber immer liebend und aufopfernd.

Einen Lehrer konnte Hebbel nicht bezahlen, und so mußte er sich mit einem Schüler des Johanneums, G. W. Gravenhorst, zufrieden geben, der ihn unentgeltlich im Lateinischen unterrichtete. Indes stellte es sich heraus, daß dieser späte Versuch, die Jugendversäumnisse nachzuholen, mehr Hemmungen als geistigen Gewinn brachte, und es ging in der Philologie nur langsam vorwärts. Um so reicher und selbständiger entwickelte sich Hebbels Gedankenleben, von dem die freien Vorträge, die er im »Wissenschaftlichen Verein von 1817« hielt, ein schönes Zeugnis abgeben. Es sind höchst wohldurchdachte und ideenreiche Untersuchungen über allerlei ästhetische, philosophische und psychologische Probleme, und auch hier wie im Lyrischen überrascht die außerordentliche Reife und Vollendung des sprachlichen Ausdrucks. Es ist überhaupt merkwürdig, daß Hebbels Jugendarbeiten fast gar nichts Unfertiges an sich haben, selbst in seinen Tagebüchern können wir einen bestimmten Entwicklungsgang vom jugendlich Unvollkommenen zum männlich Ausgereiften nicht verfolgen, zumal im Stil tritt uns eine souveräne Ausdrucksfähigkeit von vornherein entgegen. Auch seine Gedankenwelt zeigt sich von allem Anfang an in ihrer scharf ausgeprägten Originalität, so daß sich bestimmte deutlich abgegrenzte Kapitel in seiner Geistesgeschichte nicht unterscheiden lassen.

Indes der eigentliche Zweck des Hamburger Aufenthalts, die philologische Vorbereitung für die Universität, blieb unerreicht, und nur widerstrebend willigten die Gönner in die Übersiedlung nach Heidelberg. Mit dem Rest des gespendeten Geldes, etwa achtzig Talern, begab sich Hebbel nun im Frühjahr 1836 dorthin, um zunächst als außerordentlicher Hörer juristische Kollegien zu hören. Vor allem aber lag ihm die Vervollständigung seiner allgemeinen Bildung am Herzen, er trieb literarische und kunstwissenschaftliche Studien und beschäftigte sich daneben, mehr dilettierend, mit Physik, Physiologie und Sprachwissenschaft. Trotz größter Sparsamkeit wäre er aber bald wieder in Not gekommen, wenn Elise ihm nicht mit fünfzig Talern ausgeholfen hätte. In dieser Zeit brachte er die Erzählung *Anna* zu Ende, die erste künstlerisch vollkommen selbständige Arbeit, die er darum auch selbst als seinen »dichterischen Erstling« bezeichnet hat. Als der Sommer zu Ende ging, verließ er die Stadt, die ihm, besonders wegen ihrer Naturschönheiten, stets in der angenehmsten Erinnerung geblieben ist, und wanderte zu Fuß nach Tübingen, wo er Uhland persönlich kennenlernte; er wurde jedoch von der etwas philiströsen Erscheinung des Dichters enttäuscht. Von da ging er weiter nach München, wo er sein Winterquartier bezog, »jetzt nicht mehr stud. jur., sondern Literat«. Hier versuchte er sich zunächst in allerlei journalistischen Arbeiten, mußte jedoch bald erkennen, daß rein aktuelle Schriftstellerei nicht seine Sache war. Wieder war er vor allem darauf bedacht, die Lücken in seinem allgemeinen Wissen auszufüllen, diesmal in erster Linie die philosophischen; er hörte Schelling und Görres, die damals auf dem Höhepunkt ihrer Wirksamkeit standen, und las zum erstenmal Hegel. Die Stadt gefiel ihm ganz ausnehmend, er wohnte bei angenehmen Leuten, und bald fand er auch in der Tischlerstochter Josepha Schwarz, genannt »Beppy«, eine liebenswürdige Freundin. Von größeren Arbeiten entstanden in der Münchener Zeit das *niederländische Gemälde*, *Schnock* und zwanzig Kapitel eines großen Romans *Der deutsche Philister*, den er aber im Manuskript vernichtete. Mit einigen Vertretern des »Jungen Deutschland«, besonders mit Laube und Gutzkow, knüpfte er Beziehungen an; er war sich aber von vornherein seines tiefen Gegensatzes zu dieser ganzen Richtung vollkommen bewußt. Die Not war in dieser Zeit am größten: er aß niemals etwas Warmes und besaß nur einen einzigen, schadhaften Anzug, und selbst diesen dürftigsten Unterhalt ermöglichten ihm nur Elisens neuerliche Unterstützungen. Dazu kam eine quälende Krankheit und allerlei Zweifel am eigenen Können. »Das ist der Fluch meines Daseins, daß mein Talent zu groß ist, um unterdrückt, und zu klein, um zum Mittelpunkt meiner Existenz gemacht werden zu können. Ich erkenne das Vortreffliche, ich erreiche es zuweilen, aber was hilft es mir, wenn ich doch nur besuchen darf, wo ich wohnen sollte.« Eine tief pessimistische Stimmung ergriff ihn, und er dachte allen Ernstes an Selbstmord. »Du fragst, an welcher Todeskrankheit ich darnieder gelegen wäre?« schreibt er an Elise. »Liebes Kind, es gibt nur einen Tod und nur eine Todeskrankheit, und sie lassen sich nicht nennen; aber es ist die, derentwegen sich Goethes Faust dem Teufel verschrieb, die Goethe befähigte und begeisterte, seinen Faust zu schreiben; es ist die, die den Humor erzeugt und die Menschheit (d. h. die wenigen Menschen, in denen etwas Weniges vom Menschen ausschlägt und in Blüte tritt) erwürgt; es ist die, die das Blut zugleich erhitzt und erstarrt; es ist das Gefühl des vollkommenen Widerspruchs in allen Dingen, es ist mit einem Wort die Krankheit, die du nie begreifen wirst, weil – du darnach fragen konntest. Ob es für diese Krankheit ein Heilmittel gibt, weiß ich nicht; aber das weiß ich, der Doktor (sei er nun über den Sternen oder im Mittelpunkte meines Ichs), der mich kurieren will, muß zuvor die ganze Welt kurieren, und dann bin ich gleich kuriert. Es ist das Zusammenfließen alles höchsten Elends in einer einzigen Brust; es ist die Empfindung, daß die Menschen so viel von Schmerzen und doch so wenig von Schmerz wissen; es ist Erlösungsdrang ohne Hoffnung und darum Qual ohne Ende.«

Anfang 1838 hob sich die Stimmung ein wenig, ältere dramatische Pläne wurden wieder vorgenommen und eine Doktordissertation vorbereitet. Aber im Herbst des Jahres trafen ihn fast gleichzeitig zwei tiefe Verluste: der Tod seiner Mutter und seines einzigen Freundes Emil Rousseau. Ganz verdüstert und vereinsamt verbrachte er den Winter noch in München, weil die schlechte Witterung ihn an einer Fußreise nach Hamburg verhinderte. Im Frühjahr 1839 kehrte er nach dreijähriger Abwesenheit unter den größten Entbehrungen und Beschwerden wieder dahin zurück.

Nun folgte ein vierjähriger Aufenthalt in Hamburg an der Seite Elisens, die ihm Ende 1840 seinen ersten Sohn Max gebar. In dieser Zeit sind seine ersten großen Dichtungen entstanden. Den Anfang machte die Tragödie *Judith*, die im Herbst 1839 begonnen und in wenigen Monaten vollendet wurde. Er schickte sie sogleich an die berühmte Tragödin Stich-Crelinger, die aber allerlei zensorische Bedenken hatte und eine Menge von Strichen verlangte; indes brachte der ebenso berühmte Ästhetiker Lotze eine günstige Besprechung, und Gutzkow sandte einen schmeichelhaften Brief. Endlich wurde, nach mancherlei Verhandlungen, das Stück für Berlin definitiv angenommen. Dazwischen fällt der höchst peinliche Bruch mit Amalia Schoppe, hervorgerufen durch einen Brief an Hebbel, den dieser als »moralischen Mordversuch« bezeichnet. Die Abrechnung mit Frau Schoppe findet sich in dem umfangreichen »Memorial«, das Hebbel an sie sandte, und das in der *Nachlese* zu seinen Briefen veröffentlicht wurde.

Im Juli 1840 erlebte die *Judith* ihre Uraufführung in Berlin und fand Beifall, im Dezember desselben Jahres kam das Stück nach Hamburg, beidemal in einer für die Bühne adaptierten Fassung. Im Frühjahr 1841 vollendete Hebbel die *Genoveva*, die aber selbst bei Freunden eine sehr geteilte Aufnahme fand, und nach dem damaligen Geschmack vielleicht mit Recht; dennoch steckt in keiner Dichtung so viel vom innersten Hebbel und seinen Kämpfen. In dasselbe Jahr fällt auch noch das Lustspiel *Der Diamant*. Im Frühjahr 1842 erschien die erste Sammlung seiner Gedichte, vornehmlich Balladen und Romanzen. Als Hebbel im November 1842 Hamburg verließ, konnte er schon auf eine reiche und eigenartige Produktivität zurückblicken.

Mit wenig Geld und sehr unsicheren Aussichten begab er

sich nun auf den Rat seiner Freunde nach Kopenhagen, um zunächst vom König Christian VIII. eine Kieler Professur zu erbitten. Die erbetene Audienz wurde sogleich bewilligt, der König war offen und freundlich und zeigte Interesse für Hebbels dichterische Arbeiten, von der *Judith* fand er aber doch, daß »greuliche Sachen darin ständen«. Bestimmte Hoffnungen auf die Professur konnte er ihm nicht machen, dagegen ermunterte er ihn zu einem Stipendiumsgesuch an die Hofkanzlei. Die literarischen Kreise Kopenhagens kamen Hebbel, der ihnen kein Fremder war, mit großer Anerkennung entgegen. Adam Oehlenschläger, der führende Dichter Dänemarks, lud ihn zu Tische und blieb mit ihm in lebhaftem Verkehr; auch Andersen und Thorwaldsen lernte er kennen. Der große Kopenhagener Studentenverein machte ihn zum Mitglied, was für Hebbel vor allem den Vorteil hatte, daß er, zum erstenmal, ein reiches Material an Büchern und Journalen zur Verfügung bekam. Er lernte denn auch in dieser Zeit viel Wichtiges kennen, was ihm bisher entgangen war: Spinoza, Aristophanes, Hegels Ästhetik und die neueren religionsphilosophischen Arbeiten der Hegelschule, lauter Werke, die ihn stark und nachhaltig beeinflußt haben. Daneben machte Thorwaldsens Atelier, das er öfters besuchen durfte, auf ihn einen tiefen Eindruck, und die Gespräche mit dem Künstler eröffneten ihm neue Blicke in das Wesen des künstlerischen Schöpfungsaktes.

Im Januar 1843 hatte er die zweite Audienz beim König, diesmal mit einem warmen Empfehlungsbrief Oehlenschlägers, der mit folgenden Worten begann: »Allergnädigster König! Der deutsche Dichter Friedrich Hebbel, welcher sich diesen Winter hier aufhält und Euere Majestät um ein Reisestipendium ersucht, hat mich gebeten, dieses Gesuch mit einer alleruntertänigsten Empfehlung zu begleiten, welche ich ihm mit Freuden und von ganzem Herzen gebe. Herr Hebbel ist gewiß ein Dichter von seltenen Talenten und echtem Genie. Dieses Zeugnis haben ihm auch bereits viele Kunstrichter erteilt, sowohl für seine Tragödien Judith und Genoveva, wie für seine lyrischen Gedichte. Sollte er in den angeführten Dramen noch allzustark zu dem Gewaltsamen hingerissen sein, so beurkunden doch diese Werke zugleich den gesunden kräftigen Keim zur reifen Schönheit und Meisterschaft in künftigen Arbeiten. Es würde daher jammerschade sein, wenn dieses schöne Talent nicht gedeihen und bei seinem Fürsten Hilfe und Unterstützung finden sollte.« Nun stellte sich denn auch endlich der gewünschte Erfolg ein, denn zwei Monate später konnte Oehlenschläger Hebbel die Nachricht überbringen, daß der König ein Reisestipendium von jährlichen sechshundert Reichstalern für zwei Jahre bewilligt habe. Die unbeschreibliche Freude, in die Hebbel über diese verhältnismäßig kleine Unterstützung geriet, läßt uns erkennen, in wie großer Not er sich auch damals befunden haben muß. Er fuhr zunächst wieder nach Hamburg, wo er den Sommer verbrachte, und von da im Herbst nach Paris.

Sogleich stellten sich neue unerwartete finanzielle Schwierigkeiten ein. Die Teuerung der Großstadt hatte Hebbel nicht in Rechnung gezogen, zudem mußte er jetzt auch für die mittellose Elise und das Kind sorgen. Die Stadt selbst machte auf ihn einen überwältigenden Eindruck, denn es war die erste wirkliche Weltstadt, die er zu sehen bekam. Heinrich Heine empfing ihn mit der größten Liebenswürdigkeit; in dem Musikschriftsteller Felix Bamberg fand er einen ergebenen und verständnisvollen Freund. Aber wenige Wochen nach seiner Ankunft traf ihn eine Trauernachricht, die ihn aufs tiefste erschütterte: sein kleiner Sohn Max war an den Folgen eines unglücklichen Sturzes gestorben. In der ersten Trauer und einer Art Reuegefühl dachte er daran, Elise nach Paris kommen zu lassen und zu heiraten. Aber die ruhigere Erwägung ließ ihn die ökonomische Unmöglichkeit dieses Planes einsehen. Elise hatte nicht das richtige Verständnis für die Situation, sie hielt für Egoismus, was nur Einsicht in die Notwendigkeit der Verhältnisse war, und von da datiert der erste Riß zwischen Hebbel und Elise.

Das Jahr hatte indes doch ein wertvolles Resultat gebracht: das bürgerliche Trauerspiel *Maria Magdalena*. Anfang 1844 sandte es Hebbel an Madame Crelinger, die aber wegen der Schwangerschaft der Heldin wieder ihre moralischen Bedenken hatte. Im Herbst erschien das Werk bei Campe im Druck, eingeleitet durch ein Widmungsgedicht an Christian VIII. und eine lange theoretische Vorrede, in der in stark hegelianisch gefärbter Sprache die Absichten des Dramas dargelegt waren. Diese Vorrede und eine Abhandlung »Mein Wort über das Drama« hat Hebbel dann ineinandergearbeitet und zu einer Dissertation ausgestaltet, mit der er durch die Universität Erlangen den philosophischen Doktorgrad erwarb.

Nach einjährigem Aufenthalt verließ er Paris und begab sich über Marseille nach Rom. Der Aufenthalt in Italien war ihm jedoch wiederum durch Geldsorgen und dazu noch durch ein hartnäckiges Fieber stark beeinträchtigt. Die Eindrücke in Rom waren andere als in Paris, aber nicht minder anregend. »Paris ist ein Ozean, Rom das Bett eines Ozeans.« Auch fand er angenehmen Verkehr; am besten verstand er sich mit dem Landschafter Louis Gurlitt, der ihm als Freund nahetrat und zweimal aus großen Geldnöten geholfen hat. Inzwischen war das dänische Stipendium abgelaufen; es wurde nicht erneuert, und nur zweihundert Reichstaler zur Heimreise bewilligt. Den Sommer verbrachte Hebbel noch in Italien, aber wegen der großen Hitze nicht in Rom, sondern in Neapel, wo er mit Mommsen und Hermann Hettner in Verkehr trat, und im Spätherbst machte er sich auf die Rückreise nach Hamburg. Sein Weg ging über Wien, wo er nur kurze Zeit zu bleiben gedachte.

Deinhardstein, damals in Wien eine tonangebende Persönlichkeit, Grillparzer und Halm kamen ihm freundlich entgegen, und in den beiden Grafen Zerboni fand er zwei ebenso leidenschaftliche wie rührige Parteigänger; die Zeitungen beschäftigten sich mit ihm, und seine Dramen hatten Aussicht, im Burgtheater gespielt zu werden. Das wichtigste Ereignis aber war für ihn die Bekanntschaft mit der Burgschauspielerin Christine Enghaus, die im Frühjahr 1846 seine Frau wurde. Hier fand er endlich, was ihm gefehlt und was er in Elise vergebens gesucht hatte: das volle Verständnis einer wirklichen Künstlernatur und eine Gefährtin, in der er auch das Weib lieben konnte. Zudem war durch diese Ehe seine ökonomische Lage um vieles gebessert und auf die Dauer sichergestellt. Das erste Kind der Ehe war ein Sohn, der aber schon mit zwei Monaten starb, das zweite Kind war eine Tochter, Christine. Das Bild des überaus glücklichen Familienlebens, das Hebbel mit seiner Frau und seinem Kind bis zu seinem Tode geführt hat, zeigt sich uns am schönsten in den Briefen an Christine, die jetzt in einer vollständigen Ausgabe vorliegen. Auch die schwergekränkte Elise versöhnte sich nach heftigen Kämpfen und hat sogar über ein Jahr in dem Hause des Ehepaares gelebt.

In den nächsten Jahren entstand das *Trauerspiel in Sizilien*, das Hebbel später richtiger als »Tragikomödie« bezeichnet hat, das Trauerspiel *Julia* und die Tragödie *Herodes und Mariamne*. Das Burgtheater brachte zunächst *Maria Magdalena* mit Christine, Anschütz, Fichtner und Ludwig Löwe in den Hauptrollen; der Erfolg war sehr bedeutend. Ebenso stark wirkte die *Judith*, die bald nachfolgte; *Herodes und Mariamne* dagegen fiel vollständig durch und erlebte keine zweite Aufführung. Auch das phantastische Märchenlustspiel *Der Rubin*, das Hebbel Anfang 1849 vollendete, fand bei seiner Burgtheateraufführung nicht das richtige Verständnis, weil man dahinter allerlei politische Anspielungen witterte; statt belacht zu werden, wurde es ausgelacht. Im nächsten Jahr schrieb er das kleine Drama *Michel Angelo* und zwei Akte der großartig konzipierten religionsphilosophischen Tragödie *Moloch*, die aber ein Torso geblieben ist. Im Burgtheater war jedoch inzwischen ein Direktionswechsel eingetreten, der für Hebbel nicht günstig war: an die Stelle Holbeins war Heinrich Laube getreten, der sich von vornherein gegen Hebbel stellte. Seine Dramen kamen nicht mehr zur Aufführung und waren auf das Ausland und den Vorlesetisch beschränkt. Teilweise Entschädigung für diese Zurücksetzung fand er in einem Kreis jugendlicher Verehrer, die sich schriftstellerisch, wo sie nur konnten, für ihn einsetzten; besonders der einundzwanzigjährige Emil Kuh zeigte eine rührende Anhänglichkeit.

Im Sommer 1851 ging Hebbel nach Berlin; die *Judith* mit Christine als Gast hatte am Schauspielhaus einen glänzenden Erfolg, und Ludwig Tieck sagte: »Ich habe Goethe gekannt und bin seitdem nicht vielen so bedeutenden Menschen begegnet, wie Hebbel einer ist.« Zurückgekehrt begann er ein neues Trauerspiel *Agnes Bernauer*, das er noch vor Ende des Jahres abschloß. Er sandte es nach München an Dingelstedt, der es den »Juwel in Hebbels Krone« nannte und sogleich für das Hoftheater erwarb. Anfang 1852 begab sich Hebbel zur Première nach München; nicht nur die Gelehrten und Künstler, sondern auch die Hofkreise, König Max an der Spitze, empfingen ihn aufs ehrenvollste. Das Stück blieb nicht ohne Wirkung, hatte aber, wie seinerzeit der *Rubin*, das Unglück, politisch genommen zu werden, besonders wegen der Ähnlichkeit mit der Montezaffäre, die nicht gar zu weit zurücklag. Die Aufnahme war geteilt, eine Wiederholung unterblieb. Dagegen hatte die *Genoveva*, die Anfang 1854 unter dem Titel *Magellona* aufs Burgtheater kam, einen starken Erfolg, wurde jedoch nach der sechsten Aufführung auf Betreiben der klerikalen Partei abgesetzt. In demselben Jahre vollendete Hebbel eine neue Tragödie, *Gyges und sein Ring*, die er aber zunächst unveröffentlicht ließ. Im Sommer des nächsten Jahres besuchte er Gmunden in Oberösterreich, wo er sich ein Häuschen kaufte, das er von nun an jeden Sommer aufsuchte. Dieser kleine Besitz war vielleicht die größte Freude seiner letzten Jahre. »Ich habe Shakespeare immer für unerreichbar gehalten und mir nie eingebildet, ihm in irgend etwas nachzukommen. Dennoch hätte ich in früheren Jahren immer noch eher gehofft, einmal irgend einen Charakter zu zeichnen wie er, oder irgend eine Situation zu malen, als mir wie er ein Grundstück zu kaufen. Nichtsdestoweniger habe ich heute (am 14. August) Mittag 10 Uhr einen Kontrakt unterzeichnet, durch den ich Besitzer eines Hauses am Gmundener See geworden bin.« »Es gibt eine Tür, aus der ich nicht hinausgeworfen werden kann, und einen Garten, über dessen Planke ich nach Belieben klettern oder springen darf, ohne daß mir irgend ein Mensch etwas darein zu reden hat; ich könnte mir selbst die Fenster einwerfen, um zu erproben, ob ich wirklich Eigentümer sei.«

Die nächsten fünf Jahre verliefen still; die wichtigsten Ereignisse waren: die Gesamtausgabe der Gedichte bei Cotta, »dem ersten Dichter der Gegenwart, Ludwig Uhland« gewidmet; eine längere Reise durch Deutschland, die ihn in Frankfurt mit Schopenhauer und in Stuttgart mit Mörike in Berührung brachte; die Festvorstellung der *Genoveva* in Weimar zum Geburtstag des Großherzogs, für die er den Falkenorden erhielt, und schließlich der Bruch mit seinem langjährigen Freunde Emil Kuh. In diesen fünf Jahren erschien nur ein größeres Werk, das epische Gedicht *Mutter und Kind*, das von der Tiedgestiftung preisgekrönt wurde. Daneben schrieb er eine ganze Reihe von kritischen und kunstphilosophischen Aufsätzen in Journale, vor allem in die »Wiener Zeitung«, deren Literaturbeilage er redigierte. Das Hauptergebnis dieser fünfjährigen Arbeitszeit aber war die Nibelungentrilogie, die im Frühjahr 1860 als ein

»Monstrum von elf Akten« ihren Abschluß erreichte. Der erste, der es mit dem Werk versuchte, war Dingelstedt, der inzwischen die Leitung des Weimarer Hoftheaters übernommen hatte: er brachte zunächst die beiden ersten Teile heraus, die einen glänzenden Erfolg hatten, und einige Monate später die ganze Trilogie, mit Christine als Gast. Auch die Buchausgabe, die erst ein Jahr später erschien, erregte allgemeines Aufsehen. Laube verhielt sich, wie immer, passiv, aber schließlich mußte auch er sich entschließen, die *Nibelungen* aufs Burgtheater zu bringen. Die Erstaufführung fand Anfang 1863 statt und brachte einen großen Erfolg, der von Abend zu Abend stieg.

Die Festlichkeiten, mit denen man seinen fünfzigsten Geburtstag feierte, konnte Hebbel nicht mitmachen, denn das alte rheumatische Leiden, das ihn schon so oft geplagt hatte, stellte sich wieder ein und zwang ihn nach längerem Krankenlager zu einer Solbäderkur in Gmunden und einer Schwefelbäderkur in Baden bei Wien; aber beides blieb erfolglos, und so kehrte er wieder nach Wien zurück. Trotz seines Leidens arbeitete er mit ungeminderter, ja sogar gesteigerter Produktivität an seinem letzten großen Drama, dem *Demetrius*, den er aber nur auf fünfthalb Akte brachte. Die letzten Freuden, die er erlebte, waren die Verleihung des Schillerpreises, den er als erster erhielt, und die Versöhnung mit Emil Kuh. Er starb am 13. Dezember 1863. Als unmittelbare Todesursache wird Lungenentzündung angegeben.

Hebbels äußere Erscheinung hat Felix Bamberg geschildert: »Hebbel war schlank und ziemlich hoch von Gestalt; sein Gliederbau schien auf Unkosten des Kopfes zu zart

ausgefallen und nur dazu da, diesen Kopf zu tragen; unter
der hohen, wie in durchsichtigem Marmor gemeißelten
Stirn leuchteten die blauen Augen, mild bei ruhigem Gespräche, bei erregtem feuchteten sie sich dunkel glänzend
an; Nase und Mund deuteten auf Sinnlichkeit; die etwas
bleichen, zart geröteten Wangen gaben dem durch ein star-
kes Kinn männlich abgeschlossenen Gesicht eine gewisse
Breite, und wenn man ihn ansah, hatte man stets den Eindruck, ins Helle zu schauen. Er hatte eine adelige Künst-
lerhand und eine seelenvolle Stimme, die sich, je nach dem
Gehalt seiner Rede, vom Gefälligen bis zum Gewaltigen
steigern konnte... Eine natürliche, stets den Kern der
Dinge erfassende Beredsamkeit und ein heiliger Ernst waren
ihm eigen.« Ähnlich äußert sich auch der Dichter Friedrich
von Uechtritz, der während eines Aufenthalts in Marienbad
viel mit ihm verkehrt hat: »Es äußerte sich bei Hebbel eine
Kraft und Fülle und dabei geniale Gewandtheit des Wortes,
die ihm ebensosehr den prägnantesten Ausdruck für seine
Gedanken und Bemerkungen zuführte, als sie seiner Rede
eine freie anmutende Strömung gab und ihr noch in der Ent-
ladung von Unmut und Entrüstung über ihm Ungefälliges
und Widerwärtiges die Würde eines eigentümlichen Stils
erhielt. Es war ein eigentümlicher Gegensatz zwischen der
nachdrücklichen volltönenden Kraft, die sich in seinem
Worte vernehmen ließ, und seinem blonden Haar, der
Weiche und Weiße seiner Haut und der Zartheit seiner
Gesichtsfärbung; ein Gegensatz, der sich durch das geistige
Feuer, das in den blauen Augen leuchtete, harmonisch vermittelte. Weder etwas Vornehmes, noch weniger aber auf-
getragen Geniehaftes war in seiner Erscheinung, aber bei

aller bürgerlichen Schlichtheit etwas in Haltung und Bewegung edel Unbeengtes und ruhig Sicheres.«

Unter einem gewissen Mangel an äußerer Liebenswürdigkeit scheint er sein ganzes Leben lang gelitten zu haben; trotzdem muß seine Persönlichkeit etwas Suggestives und Anziehendes besessen haben, was die große Zahl von persönlichen Verehrern beweist, an denen es ihm in fast keiner Periode seines Lebens gefehlt hat; auch hatte er offenbar Glück bei Frauen. Etwas Tyrannisches und Eigenwilliges lag sicher in seiner Natur; daher die erbitterten Konflikte, die er gerade mit seinen intimsten Freunden gehabt hat. Eine Eigenschaft, die ihm allem Anschein nach gefehlt hat, ist der Humor; er selbst hat die Bedeutung, die der Humor im Leben und in der Kunst einnimmt, oft und aufs tiefste erfaßt und gewürdigt, aber es scheint dennoch, daß diese vielleicht schönste Seite des menschlichen Wesens bei ihm so gut wie gar nicht entwickelt war. Wir können dies nicht bloß mit widrigen Lebensschicksalen erklären, sondern müssen darin wohl ein bestimmtes Merkmal der psychischen und physischen Organisation Hebbels erblicken, denn der Humor gehört sicher zum »intelligibeln Charakter«.

Hebbel war durch und durch ein Mann der Reflexion; was wir auch zur Hand nehmen: seine Dramen, seine Gedichte, seine Briefe, überall stoßen wir auf den Denker. Seine philosophische Hauptarbeit jedoch ist in zwei umfangreichen Sammlungen enthalten: den *Vermischten Schriften* und den *Tagebüchern*.

Die sogenannten *Vermischten Schriften* enthalten im

wesentlichen die Aufsätze und Kritiken, die Hebbel im Laufe seines Lebens für Zeitschriften und Tageszeitungen verfaßt hat. Es sind ästhetisch-kritische Untersuchungen jeden Genres, von der kurzen Buchanzeige bis zum weitausgreifenden Essay, das die höchsten psychologischen und kunstwissenschaftlichen Probleme behandelt. Überraschend sind sie vor allem durch zweierlei: durch den für einen Ästhetiker der Hebbelzeit durchaus nicht selbstverständlichen Reichtum an Kenntnissen auf allen Gebieten des Wissens und durch die außerordentliche Objektivität des Urteils sowohl Freunden wie Feinden gegenüber. In einer gewissen Periode seines Lebens ist Hebbels Ausdrucksweise stark unter dem Einfluß Hegels gestanden, später hat sie sich aber zu vollkommener Klarheit und Natürlichkeit gereinigt.

Die *Tagebücher* sind überaus reichhaltige Aufzeichnungen, die Hebbel vom Frühjahr 1835 bis zu seinem Tode mit großer Regelmäßigkeit, aber mit absichtlicher Planlosigkeit, ganz nach Laune und Stimmung und nur für sich selbst gemacht hat. Es sind, wie er selbst es bezeichnet, »Reflexionen über Welt, Leben und Bücher, hauptsächlich aber über mich selbst«. Sie sind vielleicht das Beste, was Hebbel geschrieben hat: von unerschöpflichem Gedankenreichtum, höchster Universalität des Urteils und der Beobachtung und voll von überraschenden Antizipationen der modernsten Gedankengänge.

Hebbel hatte kein philosophisches System, sondern war ein einfacher Denker in der Art Montaignes, Lichtenbergs oder Emersons. Er selbst sah darin einen Fehler: »Ich will gehen und kann bloß springen... ich kann nur stückweise den Schleier zerreißen, der das Wahre verhüllt«; aber die Leser von heute werden vielleicht in diesem durchaus aphoristischen, problematischen Charakter seines Denkens eher einen Vorzug erblicken.

Es hat vielleicht wenige Denker gegeben, die von einer solchen leidenschaftlichen Lust am Denken erfüllt waren wie Hebbel, aber vielleicht auch wenige, die wiederum so sehr unter ihrem eigenen Denken gelitten haben, unter diesem wühlenden, grabenden, sich selbst von allen Seiten anbohrenden Denken.

Es gibt dramatische Denker, wie es dramatische Dichter gibt, und Hebbel hat unter beide gehört. Noch mehr: er war ein *tragischer* Denker. Wenn man versuchen wollte, diesen Begriff auf eine einfachste Formel zu bringen, so könnte man vielleicht sagen: tragisch ist eine Weltanschauung, die von der Erkenntnis ausgeht: Einzelexistenz ist Sünde, jede Individuation ist ein Sündenfall, ein Abfall vom Ureinen, und da die Welt in ihrer Mannigfaltigkeit nur durch Individuation besteht, so ist die ganze Welt ein einziger großer Sündenfall. Tragische Denker in diesem Sinne waren die Inder, die Vorsokratiker, die Urchristen und eine ganze Anzahl moderner Philosophen. Besonders scharf finden wir dieses Weltbild in dem einzigen Fragment fixiert, das uns von Anaximander überliefert ist: »Woher die Dinge gekommen sind, dahin müssen sie auch wieder zurück zu ihrem Untergang: so will es das Gesetz; *denn sie müssen Buße tun für das Unrecht, daß sie vorhanden waren.*« Auch Hebbel hat als Dichter und Denker diese Weltansicht verkörpert: der Mensch ist schon durch seine Existenz ein tragisches Geschöpf; jedes Individuum bedeutet eine Trennung von der Idee; es muß zerstört werden, um wieder in die Idee aufzugehen. Dieses düstere Thema hat Hebbel unermüdlich variiert, theoretisch in seinen Abhandlungen, praktisch in seinen Dramen.

Im übrigen läßt sich der Dichter Hebbel von dem Denker Hebbel schon deshalb nicht scharf trennen, weil Dichten und Denken zwei Tätigkeiten sind, die bei wahrhaft genialen Naturen immer ineinanderlaufen. So wenig es jemals einen großen Poeten gegeben hat, der nur mit dem Temperament und nicht zugleich auch mit dem Gehirn gearbeitet hätte, so wenig hat jemals ein großer Denker gelebt, der seine Philosophie bloß aus dem Kopf und nicht zugleich auch aus dem Herzen geschöpft hätte. Aber die Schöpfungen der Philosophie zeigen uns den reinen Menschen im Künstler bisweilen klarer und vollkommener als die Schöpfungen der Dichtkunst. Im Dichter schafft vor allem das Individuum, jenes auf diese ganz besondere Weise sehende und empfindende Individuum, und das *soll* auch so sein. Im Denker dagegen schafft die Gattung: das Sehen des großen Denkers ist das objektivste Sehen; er sieht die Dinge so, wie alle Menschen sie sehen sollten, und gerade das macht seine Genialität. Dem Dichter liegt vor allem die Gestaltung der individuellen Wirklichkeit am Herzen, die er doch immer nur aus der unmittelbaren Gegenwart schöpfen kann, und darum ist er immer eine Funktion seines Zeitalters, was der große Denker niemals oder doch in ganz anderer Weise ist. Gute *Gedanken* sind aus der *Welt* geschöpft, die, im Grunde genommen, keine Geschichte hat, denn ihre Werke »sind herrlich wie am ersten Tag«; gute *Gestalten* sind aus der *Zeit* geschöpft und müssen es sein.

Darum können wir in der Geschichte des menschlichen Geistes einen sonderbaren Gegensatz zwischen den Schicksalen der Dichtwerke und der Gedankenwerke beobachten. Es zeigt sich auch hier jene »Ausgleichung«, in der Emerson das oberste Weltgesetz erblickt hat. Der Dichter wirkt schneller und lebhafter, aber nicht so dauerhaft; der Denker wirkt langsamer und nicht so zündend, aber dafür um so länger und nachhaltiger. Lessings philosophische Streitschriften zum Beispiel sind heute noch moderne Bücher, aber seine Dramen haben schon eine dicke Staubschicht; Racine, Corneille und Molière sind für uns Aktenstücke, aber Descartes und Pascal sind noch lebendig; ja selbst die Werke der großen griechischen Tragiker haben heute ihren Patinaüberzug, der vielleicht ihren Kunstwert erhöht, aber ihren Lebenswert vermindert, während die Dialoge des Plato gestern geschrieben sein könnten.

Und so ist es vielleicht nicht zu viel gesagt, wenn man behauptet, daß Hebbels Gedanken: seine bohrenden, wühlenden, seltsam aufreizenden Lebensanalysen, seine merkwürdig aufflammenden Ideenblitze, die durch das sofort wieder einbrechende Dunkel noch an mysteriöser Wirkung gewinnen, seine nach allen Seiten ausgreifenden Kunstbeobachtungen noch zu einer Zeit ins Leben wirken werden, in der seine gewaltigen Dramen nur noch den historischen Reiz von Zyklopenbauten besitzen werden.

Egon Friedell

1. Wir leben in der Zeit der Anthologien. Wie die Folianten längst zu Quartanten zusammenschrumpften und die Quartanten dem Groß- und Kleinoktav wichen, wie das Schweinsleder und der Saffian dem gepreßten Papier Platz machten und die messingenen oder ehernen Krampen, die ehemals so sicher an jedem Thesaurus zu hängen pflegten, wie Schloß und Riegel an der Tür, ganz und gar verschwanden, so hat sich auch das Innere der Bücher vollständig metamorphosiert und manches bloße Register der verschwundenen Periode ist umfangreicher, als jetzt ganze Werke. Aber so winzig die Produkte unserer Presse auch schon an und für sich sind und so gewiß es ist, daß selbst ein anspruchsloser alter Roman, wie z. B. der Amadis, bei seinem Leibesumfang mit einiger Geringschätzung auf unsere modernen Universalgeschichten und Philosophien herabsehen würde, wenn irgend ein boshafter Zufall ihn damit zusammenführte: für uns sind sie noch viel zu groß, uns wird das Glas unserer Vorfahren noch wieder zum Faß, das nicht im raschen Zug geleert, nur langsam ausgezapft werden kann, wir vertragen nur noch die Quintessenz der Quintessenz und fragen nach dem Kern des Kerns. Sogar der Mann der Wissenschaft muß darauf gefaßt sein, daß sein Kollege nicht sein Buch, sondern die Rezension desselben liest, und der Dichter, soweit er nicht von der Bühne herab unmittelbar zum Volk redet, ist dem Anthologisten mit

Haut und Haar verfallen. Ist das ein Unglück? Kein Unbefangener wird die Frage mit einem unbedingten Ja beantworten, denn wer wüßte nicht, daß jene von Gelehrsamkeit strotzenden Folianten und Quartanten, die so ehrwürdig erscheinen, ihr Fleisch zum größten Teil dem Exzerptenkasten abgewonnen und ihr Fett der ungesunden, unfruchtbar mit sich selbst spielenden Scholastik des Mittelalters entsogen haben, oder wer wünschte sich im belletristischen Gebiet Beschreibungen und Dialoge zurück? Im Gegenteil, es ist nur heilsam, daß Schriftsteller und Dichter sich jetzt kurz fassen und in gesteigertster Konzentration ihr Eigenstes bieten müssen, wenn ihre Leistung nicht auf der Stelle zum bloßen Substrat für eine fremde Geistesoperation herabsinken soll. Ja, es schadet nicht einmal, wenn sie trotzdem rascher wie sonst mit ihrer Gesamttätigkeit einem höheren Ganzen als untergeordnete Glieder einverleibt und in gewissem Sinne wieder zur Materie gemacht werden, denn je schneller man zu den übersichtlichen Punkten und den Endresultaten gelangt, um so größer ist der Gewinn, und wo es sich ums Fleisch und Blut handelt, kann der Federnschmuck des Vogels oder die Mähne des Löwen nicht in Betracht kommen, so farbenschillernd und majestätisch sie auch sein mögen. Nur freilich wird die Aufgabe, die Quintessenz in der einen oder der anderen Gestalt herauszuziehen, den Kern seiner letzten Haut zu entkleiden, auch in demselben Grade schwerer, als die Produktion, sei es nun die wissenschaftliche oder die künstlerische, alles Fremdartige schon von selbst ausstößt und sich fest im wohlabgesteckten Kreise zusammenschließt. Diese Aufgabe ist nur mit der des Malers zu vergleichen, welcher ein

Bild im verjüngten Maßstabe wiedergeben soll, ohne daß es in den engeren Dimensionen etwas Wesentliches verliert, und ihr wird so wenig durch das flache, objektivlos in der Luft zerflatternde Raisonnement, das sich jetzt so gern für absolute Kritik verkauft, als durch das Anzeichnen schöner Stellen und das Hervorheben einzelner markanter Züge oder ganzer Gedichte usw. genügt. Es kommt auf vollständige Reproduktion des wissenschaftlichen oder künstlerischen Organismus an. v s

Vom Denken

2. Es wird mir immer klarer, daß das Denken nicht, wie ich früher glaubte, eine allgemeine Gabe ist, sondern ein ganz besonderes Talent. Ich selbst besitze dieses Talent nicht, aber ich besitze die Ahnung desselben, und daher kommt es, daß ich mir nie zu genügen vermag, wenn ich einen Aufsatz schreibe. Ich will gehen, und kann bloß springen; ich will alles aufs Bestimmte, Zusammenhängende, Gegliederte zurückführen und kann nur stückweise den Schleier zerreißen, der das Wahre verhüllt. Das echte Denken ist wie jede schöpferische, ursprüngliche Kraft produktiv; der *denkt* noch keineswegs, der durch eine Vernunft- oder Verstandesoperation hie und da einen Irrtum matt macht, das geschieht durch bloßes Messen, Wägen und Vergleichen. Es hätte mir nicht so lange unklar bleiben sollen, daß das Denken ein Talent ist. In jedem Menschen ist übrigens ein Surrogat, welches in einer schnellen Wahrnehmung der Analogie und des Widerspruchs besteht; ich glaube, dies Surrogat gründet sich größtenteils auf das Gefühl und ist also eine höhere Art Instinkt. Jeder große Denker hat gewiß eine neue Denkmethode, obgleich er sich ihrer nicht bewußt sein mag. T

3. Wörter sehen sich nicht immer nach Gedanken um, aber Gedanken immer nach Wörtern. Warum nicht, und warum? Jedes Wort ist an sich schon ein Gedanke, aber kein

Gedanke ist es ganz, der noch keine Wörter gefunden hat. Es ist im höchsten Grade interessant, das Verfahren des platten Kopfes, der jene Wortgedanken, gestempelt, wie sie sind, ausgibt, und das des tiefsinnigen Geistes, der sich des Worts, als des allgemeinen Darstellungsmittels, nur bedient, weil es durch kein individuelles ersetzt werden kann, in den Resultaten miteinander zu vergleichen. Der platte Kopf, sollte man meinen, müsse wenigstens gegen den Unsinn gesichert sein, da er ja die Wörter nur mischt, wie Karten, und ihnen nichts von sich selbst aufdrängt, der tiefsinnige Geist dagegen müsse durchaus unverständlich werden, da sein ganzes Bestreben dahin geht, den Wörtern das kurrente Gepräge, das sie im gevatterlichen Verkehr so bequem macht, zu rauben und ihnen ein neues aufzudrücken. Dennoch ist, wenn der Prozeß anders vor dem Richterstuhl der Vernunft abgeurteilt wird, keines von beidem der Fall. Die Wörter sind nur so lange Gedanken, als sie abgesondert für sich stehen und nicht aneinandergeschoben werden, aber sie lösen sich augenblicklich, sowie sie sich nur berühren, gleich gefrorenen Quecksilberkügelchen wieder in das unbestimmte allgemeine Element auf, über dem der Geist schweben und woraus er das Bild seiner selbst und dessen, was in ihm vorgeht, erschaffen soll; der platte Kopf ist daher nur dann gegen den Unsinn gesichert, wenn er sich begnügt, das Wörterbuch zu rezitieren, aber nicht mehr ganz, wenn er z. B. den Worten Gehen, Tanzen usw. ein unschuldiges Ich oder Du vorzusetzen wagt, obgleich er freilich, wenn er sich in dieser Sphäre hält, wenig riskiert und höchstens eine schwache Silhouette seiner selbst gibt, die sich erst in einem höheren Stadium in ein illuminiertes Porträt und in einem noch höheren in eine Karikatur zunächst seines eigenen und dann des menschlichen Wesens überhaupt umsetzt. Der tiefsinnige Geist im Gegenteil ist aber der zweite Faktor, auf den die Sprache rechnete, als sie nur einer von den vier Würfelseiten der Wörter ein Merkzeichen, damit die Verwechslung unmöglich sei, aufprägte und die übrigen drei weiß ließ, er gibt dem unorganisierten Element erst Form, Gestalt und den rechten Inhalt, und er steht eben darum auch in bezug auf die Verständlichkeit gegen den platten Kopf, wie die Welt gegen das Nichts, aus dem sie, wie es heißt, hervorgegangen, und das unbegreiflicher als alles ist, da demjenigen, der sich damit beschäftigt, nicht einmal ein Rätsel aufgegeben, sondern verlangt wird, erst das Rätsel selbst zu erraten und dann die Lösung zu versuchen. т

4. Ich glaube an mir selbst erfahren zu haben, daß der Mensch nicht allein, wie oft bemerkt ist, in Worten denkt, sondern daß er alles was er denkt, in Gedanken zugleich spricht, und eben, weil er nicht zwei Gedanken zugleich aussprechen kann, kann er sie auch nicht zugleich, ihrem ganzen Umriß und Inhalt nach – als Skizze geht's zur Not, doch auch schwer – festhalten. Dies möchte zu wichtigen Bemerkungen über das Verhältnis des ursprünglich Gedachten zu dem bereits Bearbeiteten führen; vielleicht gar zu der Überzeugung, daß es überall nichts Ursprüngliches für uns gibt, d. h. daß wir den Gedanken in dem Augenblick, wo wir uns seiner bewußt werden, schon zu etwas *gemacht* haben. т

5. »Macht eine neue Erfindung« – ruft Rahel aus – »die alten sind verbraucht!« Ich fürchte nur, wir stehen an der Grenze unseres Witzes und sind alle für den Himmel reif, was der schlechteste Zustand auf Erden ist. Unser Leben ist zu innerlich geworden; es kann ohne ein Wunder nicht wieder äußerlich werden. Dies stete Bespiegeln und Auskundschaften unsrer selbst: wohin führt es? Nicht einmal zum Irrtum, höchstens zu einer verzweiflungsvollen Ahnung unsrer eigenen schauerlichen Unendlichkeit, zu einem Punkt, wo uns das eigne Ich als das furchtbarste Gespenst gegenübertritt. Freilich ist hier *Hunger und Sättigung eins*, denn wir können keine neue Frage tun, ohne zuvor eine neue Anschauung gewonnen zu haben; aber es heißt doch, die Wahrheit durch die Tortur auspressen und mit dem Saft des Lebens den Baum der Erkenntnis düngen. Es ist etwas ganz, ganz anderes, ob die Welt, der Zufall, das Schicksal dem Menschen die Fragen vorlegt, oder ob er sich selbst fragt. *Man kann sich selbst fremd werden*, das ist der umgekehrte Wahnsinn und der letzte, d. h. tiefste Abgrund, in den man stürzen kann. T

6. Es ist eine Sünde, heißt es, den Menschen die Wahrheit vorzuenthalten. Mag sein. Aber es ist eine größere, es ist ein Frevel, die Wahrheit einem Individuum gegenüber, das kein Organ für sie hat, preiszugeben. T

7. In dem Augenblick, wo wir uns ein Ideal bilden, entsteht in Gott der Gedanke, es zu schaffen. T

8. *An die Feinde des Neuen*

Hielt die Schwere nicht längst schon Himmel und Erde
zusammen,
Ehe, vom Apfel belehrt, Newton sie endlich entdeckt?
Und ihr wollt ein Gesetz bloß darum leugnen und
schmähen,
Weil es nicht Moses schon gab, als er auf Sinai stand?

9.

Wo die Natur dir Erkenntnis vergönnt und Einsicht ins
Wesen?
Wo sie deiner bedarf! Das ist nur selten der Fall.

10. *Philosophenschicksal*

Salomons Schlüssel glaubst du zu fassen und Himmel und
Erde
Aufzuschließen, da löst er in Figuren sich auf,
Und du siehst mit Entsetzen das Alphabet sich erneuern,
Tröste dich aber, es hat während der Zeit sich erhöht.

11.

Was du teurer bezahlst, die Lüge oder die Wahrheit?
Jene kostet dein Ich, diese doch höchstens dein Glück!

Von der Größe

12. Große Menschen sind Inhaltsverzeichnisse der Menschheit. T

13. In die Hölle des Lebens kommt nur der hohe Adel der Menschheit; die anderen stehen davor und *wärmen* sich. T

14. Man spricht dem großen Menschen die Fähigkeit zu lieben ab. Doch wohl nur, weil er nur das Große lieben kann. T

15. Die Dummheiten platter Köpfe sind immer unfreiwillige Parodien von der Weisheit der Gescheiten; denn nicht einmal darin sind sie originell.

16.
Wären die Menschen im Innern, wie in den Gesichtern,
                                        verschieden:
  In das reizendste Spiel lös'te das Leben sich auf.
Aber, da malt sich die Welt auf gleiche Weise in Allen,
  Und der Wahnsinn kaum macht sie noch originell.

17.
Je geringer der Mann, je größer sein Stolz, daß er Mensch ist,
  Aber je größer der Mann, um so geringer der Stolz.

Cajus fühlt sich gedeckt durch Julius Cäsar und jubelt,
  Cäsar bezweifelt sich selbst, wenn er des Cajus gedenkt.

18.
Gäbe es lauter Genies, ich würde mich gar nicht verwun-
                                                        dern,
  Aber ich staunte schon oft, daß es so wenige gibt.
Dennoch ist es natürlich! Wie viel ist Muskel am Menschen
  Und wie wenig Gehirn! So auch am Menschen-
                                            geschlecht.

19.
Was der Größte sich denkt? Dies denkt er: Hole der Teufel
  Euer ganzes Geschlecht, wenn ich das bin, was Ihr meint!

20. Das Leben ist ein Traum, der sich selbst bezweifelt. т

21. Es gibt im Leben keine Fläche, nur Tiefe, keine Tiefe,
nur Untiefe. т

22. Der Natur liegt eine ungeheure, geheimnisvolle Kraft
zugrunde, die in ihren Erzeugnissen keineswegs aufgeht,
sondern diese augenscheinlich nur ausstößt, so daß man sie
vielleicht eher für geile Schößlinge, als für echte Manifesta-
tionen der treibenden Grundwurzel halten darf; diese Kraft
ist daher immer konzentriert, bei jeglichem Akt ist sie ganz
in Tätigkeit, sie ist in jeder Regung groß und gewaltig, sie
kann recht gut sich selbst Zweck sein. Anders verhält es
sich mit der Kraft, die in die Menschheit eingeschlossen
ist. Diese ist unter die einzelnen verteilt, die nebeneinan-
der herlaufen und sich in den Weg treten, für sie gibt es
keine Konzentrationsmöglichkeit, und dennoch ist eben
Konzentration der ewige Gegenstand ihrer Sehnsucht
und zeugt in verzweifelter Selbsthilfe Religionen und
Staaten. т

23. Der Dualismus geht durch alle unsere Anschauungen
und Gedanken, durch jedes einzelne Moment unseres Seins
hindurch, und er selbst ist unsere höchste, letzte Idee. Wir

haben ganz und gar außer ihm keine Grundidee. Leben und Tod, Krankheit und Gesundheit, Zeit und Ewigkeit, wie eins sich gegen das andere abschattet, können wir uns denken und vorstellen, aber nicht das, was als Gemeinsames, Lösendes und Versöhnendes hinter diesen gespaltenen Zweiheiten liegt.

Die kranken Zustände sind übrigens dem Wahren (Dauernd-Ewigen) näher wie die sogenannten gesunden. T

24.
Oft schon kam es mir vor, Natur, als hätt'st du zu zeitig
   In dein Werk dich verliebt und die Vollendung versäumt.
Weil der Mensch dir gefiel, so bliebst du stehen beim
                                                  Menschen,
   Und erwecktest in ihm nicht noch den schlummernden
                                                      Gott.
Aber nun träumt er von dem, und weil er erwachend sich
                                                    wieder
Findet, wie eben vorher, fällt er zurück in das Tier.

25. Ist die uralte Annahme, daß in den innersten Kern des Menschen etwas eingeschlossen sei, welches ihn selbst befehdet und in manchen Fällen zerstört, nicht eigentlich ein Unsinn? Wo wäre der Baum mit der selbsterzeugten Axt an der Wurzel, wo wäre nur die Schlange, die am eignen Gifte stirbt? T

26. Ein Haufen Staub, worin Würmer kriechen, die ihm einen Schein des Lebens geben: so die meisten Menschen. T

27. Wir Menschen in all unserm innern Tun und Treiben sind und bleiben ewig mehr oder minder kühne Spieler am Roulettetisch. Wir setzen bald auf diese, bald auf jene Farbe und irren gewiß jedesmal, wenn wir daraus, daß die eine gewinnt, oder die andere verliert, irgend Schlüsse zum Vorteil oder zum Nachteil unseres Genies ziehen wollen; nur in der Verwendung der Gewinne und Verluste ist uns einigermaßen freie Hand gelassen. T

28. Wir sollen handeln; nicht um dem Schicksal zu widerstreben, das können wir nicht, aber um ihm entgegenzukommen. T

29. Wen ein großes Schicksal zugrunde richtet, ist klein, wen ein kleines vernichtet, der kann groß sein. T

30. Wenn man die Menschen am Abend ihr Butterbrot essen sieht, so kann die Bemühung, das Leben zu erklären, sehr lächerlich erscheinen. Butter und Brot erklären alles. T

31. Entschuldige sich nur keiner damit, daß er in der langen Kette zu unterst stehe; er bildet ein Glied, ob das erste oder das letzte, ist gleichgültig, und der elektrische Funke könnte nicht hindurchfahren, wenn er nicht da *stände*. Darum zählen sie alle für einen und einer für alle, und die Letzten sind wie die Ersten. Ein Dieb suchte einmal seinen Diebstahl zu rechtfertigen, ja zur Tugend zu erheben, indem er anführte: es ging einer hinter oder neben mir, der war ärger, wie ich, und hätte nicht

allein die Früchte gepflückt, sondern auch die Zweige geknickt. T

32.
Jede Form ist ein Kerker. Wie hält die Natur denn das Leben
Fest in allen? Sie hat keinen mit Fenstern verseh'n!

33. Die Freundschaft der meisten Menschen ist eine Vorbereitung auf die Feindschaft. T

34. Niemand ist gern, was er ist. Dieser Erfahrungssatz
verbirgt einen tieferen Sinn, als man gewöhnlich in ihm
sucht. Alle Kraft des Menschen entspringt aus seiner Beschränkung, aber auch alles Unglück. Das Talent ist so gut
eine Schranke als sein Gegenteil, es fesselt, wenn auch nur
an sich selbst. Die bedeutendsten Menschen tragen oft
schwerer an ihren Vorzügen, als an ihren Mängeln und Leiden. Denn allem Individuellen liegt ein Bewußtsein des
Allgemeinen zugrunde, und jenes leistet nie für dieses
Ersatz. V S

35. Liebe ist darum so schön, weil sie vor Selbstliebe
schützt. T

36. Das, was man üble Laune nennt, entspringt bei höheren Menschen nicht, wie bei so vielen, aus augenblicklichem Mangel an Genuß, sondern aus jenem Zustand innerer Leere, der ihnen unerträglicher ist, als Stillstand des
Lebens selbst. Wenn sie ihre üble Laune ebensowenig, wie
andere, in sich verschließen und sie die Nah- und Nächst-

gestellten empfinden lassen, so liegt der Grund allerdings teilweise in der durch solche Augenblicke gänzlicher Erschlaffung herbeigeführten Schwäche, hauptsächlich aber wohl in dem halb unbewußten Haschen der Seele nach irgend einer Art von Tätigkeit. Sie verwundet sich selbst, um nur zu erwachen. T

37. Es gibt eine doppelte Art des Gesprächs, die auch eine doppelte Aufnahme bedingt. Bei reflektierenden Menschen ist es ein Gedankenextrakt, in welchem das Unbewußte fast ganz zurücktritt; sie sprechen heute aus, was sie gestern dachten, wählen und mischen mit Überlegung die Farben, zeichnen mit sicherer Hand die Umrisse und *schreiben* eigentlich nur mit der *Zunge*. Diese sind für alles, was sie sagen, verantwortlich, und wissen es auch recht gut. Bei schöpferischen Naturen dagegen ist es ein Prozeß, den der Zuhörer in allen seinen Phasen mit durchmachen muß und dessen Präzipitat erst aus der lebendigsten Friktion aller Kräfte hervorgeht. Mit diesen wird nur ein kleinliches Individuum rechten, nur ein solches, das unfähig ist, das Leben im großen Sinn aufzufassen, und das eben darum an Formen Anstoß nimmt, welche der mit sich selbst ringende Geist, der sich ihrer in dieser Minute bedient, in der nächsten aus eigener Bewegung schon wieder zerschlägt. V S

38. Die meisten Menschen haben gar nicht das Bedürfnis, klar über ihre Zustände zu werden; sie wollen nur hindurch, wie etwa durch eine Krankheit. Diese gewinnen im Leben keine Resultate, sie machen nicht einmal Erfahrun-

gen; ihr ganzes Leben ist vielmehr eine immerwährende Flucht durch Gefängnisse, und sie täten wahrlich wohl, sich an das erste, beste zu gewöhnen, weil sie dann doch einen Standpunkt hätten, von dem aus sie die Welt, gut oder schlecht, betrachten könnten. T

39. Verhältnisse haben nur so lange etwas Peinliches für mich, als ich sie nicht durchschaut, als ich nicht erkannt habe, daß sie auf der Natur basiert sind. T

40.
Wer nur den Menschen im Menschen erblickt, der wird mit
dem Niedern
Gern verkehren, als wär' alles auf Erden sich gleich.
Aber er tu' es nur dann, wenn dieser den Niedriger'n wieder
Ähnlich behandelt, denn sonst hat's der Gesell nicht
verdient.

41.
Ob du dich selber erkennst? Du tust es sicher, sobald du
Mehr Gebrechen an dir, als an den andern entdeckst.

42.
Fürchte die schlechteste Fliege! Sie kann den edelsten Wein
dir
Doch verderben: sie fällt eben hinein und ersäuft!

43.
Deine Tugenden halte für allgemeine des Menschen,
Deine Fehler jedoch für dein besonderes Teil!

44.
Trittst du in ein Gemach, worin die bescheidne Reseda
Freundlich gepflegt wird, wie süß strömt dir entgegen
der Duft!
Wenn du aber darin ein paar Minuten verweiltest,
Spürst du ihn nicht mehr: warum geht's uns doch so mit
der Welt?

45. Das Weib und die Sittlichkeit stehen in einem Verhältnis zueinander, wie heutzutage leider die Weiber und die
Unsittlichkeit. Übrigens sind sie zu entschuldigen. Die *Ge-*
sellschaft hat sie emanzipiert, statt, daß nur der *Mann* sie
emanzipieren sollte. Darin steckt die Wurzel allen Übels.
Für das Weib gehört der beschränkteste, der engste Kreis.
Für sie gerinnt das Weltall in einen Tropfen zusammen. Sie
ist die Wünschelrute, die dem Mann die Schätze der *Erde*
anzeigt, sie allein könnte den Himmel entbehren, wenns
keinen gäbe, denn für sie ist er nur *Tradition*, kein Weib
hätt' ihn erfunden. Daß jede sich hinein sehnt, kommt
daher, weil er erstlich einige Ähnlichkeit mit einem ausge-
suchten Nachtisch hat, und dann, weil sie uns nicht nach-
stehen, weil sie sein wollen, wo *wir* sind. Weh denen, die das
Weib, diese Marketenderin des Augenblicks, zur Sonnen-
uhr machten, durch die die Ewigkeit ihre Stunden anzeigt!
Dies macht sie nicht so verächtlich, als es scheint. *Wir* gehen
nur so lange sicher, als die Sterne *über* uns sicher gehen.
Wanken die, so fallen wir. Das Weib ahnt kein Ziel, aber sie
kennt aufs Genauste den Punkt, von dem man ausgehen
muß, sie übersieht kein Wirtshaus, wo man eintreten und
sich erfrischen kann. Das Weib bildet die Topographie des

Lebens. Und dann sieht das Weib den Himmel recht gut, nicht durch seine eigenen Augen, aber durch ein *Fernglas*, und weiß für die Küche zu benutzen, was der Mann in den Sternen entdeckte. – Die Sentiments der Weiber sind Aderlässe, und wie wir durch erhöhtes Empfinden gewinnen, so verlieren sie. Das Weib ist wie der Weinstock, *soll er Trauben bringen*, so darf er nicht *bluten*. B

46. *Mann und Weib*

Dem Weibe ist ein schönes Los beschieden,
    Was sie auch hat, sie hat es ganz und immer,
    Sie freut sich an des fernsten Sternes Schimmer,
Allein sie schließt sich ab in klarem Frieden.

Der Mann wird nie so sehr vom Glück gemieden,
    Als er es meidet, denn er faßt es nimmer,
    Gleichgültig, wird es besser, wird es schlimmer,
Er hört nicht auf, das Dasein umzuschmieden.

Ihr ist es, wie ein zugeworf'ner Faden,
    Sie hält sich d'ran und schaudert vor den Wogen,
    Die unten dräu'n, und trinkt des Himmels Lüfte.

Er widersteht nicht, sich im Meer zu baden,
    Und forscht, vom hellen Leben abgezogen,
        Ob Gott sich nicht verbirgt im Schoß der Grüfte.

Religionsphilosophie

47. Die Religion der meisten Leute ist nichts als ein »Sich schlafen legen«, und es ist wirklich zu befürchten, Gott möge sie für ihre Gottesfurcht noch einmal scharf ansehen, denn es ist keine Kunst, zu Bett zu gehen, wenn man müde ist, oder gar – der Fall ist noch häufiger – niemals aufzustehen und die Unbegreiflichkeiten der Natur und des Menschengeistes im Schlaf – d. h. im Glauben – vor sich vorübergehen zu lassen. Es ist wahr, der Gott des wahren Christen paßt in die krause Maschine, wie eine Welle in die Windmühle; aber eben, weil er so erstaunlich gut paßt, möcht' ich einen solchen Gott bezweifeln. Wir durchdringen nie eine *Ursache* und erfaßten wirklich bis zur Zuversicht die *End*ursache? Ich will dem christlichen Hochmut nur *eine* Frage vorlegen, die vielleicht ihn und, wo nicht, gewiß *mich*, verstummen macht. Woher kommt's doch wohl, daß alles, was auf Erden jemals *bedeutend* war, über das Christentum dachte, wie ich? Sollten in der Tat Leute, für die es auf *Erden* fast keinen *Unterschied* gibt, berufen sein, *Himmels*karten zu verfertigen oder zu approbieren? – – Für die Existenz des Glücks auf irgend einem fernen Indien im Weltall spricht freilich nichts so sehr, als das Unglück; nicht, weil die Wunde ein Pflaster voraussetzt, sondern weil die *Idee* des Glücks in einem Menschengeist etwas so Unbegreifliches, Närrisches, ja Wunderbares ist, daß sie nur durch Offenbarung hineinkommen kann. So

liegt der echte Trost eigentlich in der Verzweiflung, und es gibt keinen Propheten, als den Wahnsinn.

Unsere Zeit ist schlimme Zeit. Das große Geheimnis, die letzte Ausbeute alles Forschens und Strebens, die »Einsicht in das Nichts« war ehemals hinter Schlösser und Riegel versteckt, und der Mensch sah sich und das Rätsel zu gleicher Zeit aufgelöst. Die alten Schlösser und Riegel sind schadhaft geworden, der Knabe *kann* sie aufreißen, der Jüngling reißt sie auf; ach, und fliegt der Adler wohl länger, als er an die *Sonne* glaubt? Die Weltgeschichte steht jetzt vor einer ungeheuren Aufgabe; die Hölle ist längst ausgeblasen, und ihre letzten Flammen haben den Himmel ergriffen und verzehrt; die Idee der Gottheit reicht nicht mehr aus, denn der Mensch hat in Demut erkannt, daß Gott ohne Schwanz, d. h. ohne eine Menschheit, die er wiegen, säugen und selig machen muß, Gott und selig sein kann; die Natur steht zum Menschen wie das Thema zur Variation; das Leben ist ein Krampf, eine Ohnmacht oder ein Opiumsrausch. Woher soll die Weltgeschichte eine Idee nehmen, die die Idee der Gottheit aufwiegt oder überragt? Ich fürchte, zum erstenmal ist sie ihrer Aufgabe nicht gewachsen; sie hat sich ein Brennglas geschliffen, um die Idee einer freien Menschheit, die, wie der König in Frankreich, auf *Erden* nicht sterben kann, darin aufzufangen; sie sammelt Strahlen für eine neue Sonne; ach, eine Sonne wird nicht zusammengebettelt!   T

48.   Die höchsten Wesen wissen nicht von sich, nur von Gott. Daß wir von uns wissen, darin liegt eben der Grund, daß wir nicht alles von Gott wissen; wo das Wissen von uns

anfängt, da hört das Wissen von Gott auf, es ist der Flecken im Spiegel. T

49. Es ist gar nicht *möglich*, daß die Ideen von Gott und Unsterblichkeit Irrtümer sind. Wäre das, so überwöge ja der Wahn reell alle Wahrheit, und das ist eine Ungereimtheit. Wir können jene Ideen nicht *beweisen*, wie wir *uns selbst* nicht beweisen können; jene Ideen sind eben wir selbst, und kein Wesen kann die Fähigkeit besitzen, seine eigene Möglichkeit zu deduzieren. Vom Geist zur Materie ist ein Schritt; von der Materie zum Geist aber ein Sprung. Wir könnten die Unsterblichkeit gewiß beweisen, wenn wir nicht selbst unsterblich wären. T

50. Der Gedanke der Erbsünde ist der natürlichste, auf den der Mensch verfallen konnte. Wie oft tut der Mensch etwas, was er schon, indem und bevor er es tut, bereut; wie oft ruft er pfui und spuckt ins Glas und leert es dennoch! Es ist übrigens von der höchsten Wichtigkeit, alles, was im Lauf der Zeit allgemeiner Glaube, unumstößlich scheinende Satzung geworden ist, auf das persönliche, individuelle Bedürfnis zurückzuführen; nur dadurch gelangt man zu einer Freiheit der Erkenntnis. Man macht auf diesem Wege die merkwürdigsten Entdeckungen, z. B. daß Gottes Mantel aus dem Schlafrock des Menschen und aus dem Gespensteranzug seines Gewissens zusammengestückt ist. T

51. Ob Luther am Ende ein so strenger Orthodox war, als er gewesen zu sein scheint? Ich habe keine anderen Gründe

für meine Meinung, als solche, die aus der Natur des menschlichen Geistes hergenommen sind, aber es will mir vorkommen, als ob der Genius niemals Knecht seines Zeitalters sein könne. Luther berücksichtigte vielleicht bloß sein Zeitalter, er setzte den Menschen, die bei dem Anblick der Unermeßlichkeit schwindelten, einen starken Pfeiler hin, damit sie sich daran festhalten möchten, wenn er gleich weit entfernt war, die Anbetung des Pfeilers zu verlangen. Eben aber, weil er die *Notwendigkeit* der positiven Religion eingesehen hatte, kämpfte er für willkürliche Dogmen, als ob es für den Himmel selbst gewesen wäre. T

52.   Religion ist die höchste Eitelkeit. T

Geschichtsphilosophie

53. Man nennt die Geschichte die einzige Lehrerin, die keine Schüler habe. Das trifft aber doch wohl nur darum zu, weil sie in der Regel Märchen erzählt. Märchen ist aber für den handelnden Menschen alles, was er in seinen Bedingungen nicht mehr begreift, mag es im übrigen so fest verbrieft und besiegelt sein, wie es nur will. Was ist ihm Catos Tugend ohne Catos Rom? Nicht mehr als die Frau ohne Kopf, die doch reden kann! Allein die Geschichte braucht nur an Interessen anzuknüpfen, die sie schon vorfindet und nicht erst künstlich erregen soll, wie die Poesie, die das eher wagen darf, so wird es ihr an aufmerksamen und gelehrigen Hörern nicht fehlen. Mit welcher Begeisterung ist das Werk Macaulays in ganz Europa aufgenommen worden! Kein Wunder, denn ganz Europa kämpft jetzt den Kampf, aus dem das gegenwärtige England glorreich hervorgegangen ist. Wenn Macaulay bei der Eroberung des alten Britanniens durch die Römer stehen geblieben wäre, so hätte er immer noch ein Meisterstück der Forschung und der Darstellung liefern können, aber der Erfolg, die schlagende Wirkung würde ausgeblieben sein. Daher das oft zitierte Lessingsche Wort, daß nur derjenige den Namen eines Geschichtsschreibers verdiene, der die Geschichte seiner Zeit geschrieben habe. Das ist nun freilich schwer, aber nicht deswegen, weil das Material nicht überall zugänglich ist, denn wann wäre die Welt trotz der schweigenden Archive

und der redenden Diplomaten über den Gang der Dinge je im unklaren gewesen, sondern deswegen, weil hier auf den einzelnen Mann eine Arbeit kommt, in die sich sonst Hunderte und Tausende teilen. Es gehört aber nur Fleiß und etwas Geist dazu, aus dem aufgeschwemmten Haufen von Memoiren, Charakteristiken, Skizzen und Anekdotensammlungen, wie sie eine abgelaufene Geschichtsperiode immer zu hinterlassen pflegt, ein notdürftig zutreffendes Mosaikbild, sei es eines Charakters, sei es einer Situation, zusammenzustellen, besonders wenn man es mit der Psychologie nicht so genau nimmt und das Widersprechendste, wie z. B. Sueton, ruhig durcheinanderwirft, sobald man sich nur auf irgend einen Gewährsmann berufen kann, ohne nach der letzten Wurzel der Erscheinungen viel zu fragen. Etwas ganz anderes aber ist es, mitten im Strom der Ereignisse zu schwimmen und, unbestochen durch persönliche Sympathien und Antipathien, wie sie zur Natur des Menschen gehören, sowohl dem Prozeß selbst wie seinen einzelnen Faktoren gerecht zu werden, ohne sich darum in jene vornehme Gleichgültigkeit zu verlieren, welche der Geschichtsbewegung aus der Vogelperspektive ungefähr so zusieht, wie einem interessanten Stiergefecht. Das ist ausschließlich Sache der Intuition, auf der die Tat des echten Historikers ebensogut beruht, wie die des Dramatikers, weil beide eng miteinander verwandt sind.

Von dem dramatischen Dichter ist es bekannt, daß er um so weniger taugt, je mehr Bösewichter er braucht. Wie schwarz ist der Teufel bei den kleinen Talenten, wie oft wird er zitiert, und wie weiß Shakespeare selbst seine furchtbarsten Charaktere auf Naturbedingungen zurückzuführen, die ihnen die Existenzberechtigung sichern. Dasselbe gilt aber auch von dem Geschichtsschreiber. Denn das Drama ist nur darum die höchste Form der Kunst und die Tragödie wieder die höchste Form des Dramas, weil das Gesetz des Dramas dem Weltlauf selbst zugrunde liegt, und weil die Geschichte sich in allen großen Krisen immer zur Tragödie zuspitzt. Daß in Romeo und Julia die Alten so gut ein relatives Recht haben wie die Jungen, daß im König Lear die grausamen Töchter in dem unnahbaren Jähzorn des Vaters wenigstens ihre halbe Entschuldigung finden, daß ein Zauderer, wie Hamlet, einem Usurpator, wie Claudius, nicht rein wie ein Engel des Lichts gegenübersteht, das leuchtet auch dem Kurzsichtigsten ein. Daß aber, um mich nur auf die beiden letzten Wendepunkte der europäischen Menschheit zu berufen, in der Reformation und der Revolution sich das gleiche Gesetz vollzieht, daß Katholizismus und Protestantismus, Konservatismus und Liberalismus auf gleiche Weise und unter gleichen Bedingungen miteinander kämpfen, und daß es auch hier keinen Moment gibt, wo irgend ein Unrecht zu begehen, sei das eine auch noch so groß und das andere auch noch so klein, daß es sich also immer nur um Verhältnisse, um ein moralisches Plus oder Minus, nicht aber um definitive, gewissermaßen chemische Scheidungsprozesse handelt, das wird schwerer erkannt und ist doch ebenso wahr. Was nun ein Dramatiker wert ist, der für diesen Dualismus des Rechts keinen Sinn hat, weiß jeder, aber der Historiker, dem er fehlt, sollte nicht höher im Preise stehen; wer nur schwarz und weiß kennt, der kennt gar nichts, wer mir nicht Ignaz v. Loyola und den La Roche

Jacquelin zeichnen kann, dem erlasse ich auch den Luther und den Mirabeau. v s

54. Es sind seltsame Empfindungen, mit welchen man mitten im tiefsten Frieden ein Zeughaus betritt und sich die Zerstörungs- und Vernichtungswerkzeuge des Krieges betrachtet. Wozu dem Tode so viele neue Sensen schmieden, hat er nicht an seiner Hippe genug? So denkt man, wenn man eine Waffenkammer nach der andern durchschreitet und die Mordinstrumente mustert, die Bellona aus der Hand gelegt und in Ruhestand versetzt hat. Und wie wäre es auch anders möglich in einer Zeit, wo Frühling, Sommer, Herbst und Winter den Menschen in fröhlichem Wechseltanz mit ihrem Segen überschütten und wo ein Tropfen Blutes, im Übermut des Rausches oder aus Raserei der Liebe vergossen, das allgemeinste Entsetzen verbreitet und die auf Blumen eingeschlafene Themis so aufscheucht, daß sie hundert Arme auf einmal ausstreckt. Aber wie ändert sich das alles, wenn trotz der Theologen und Philosophen und der bis zum jüngsten Tage gültigen Verträge der erste Kanonenschuß wieder fällt! Da wird jede Waffe wieder geprüft, von dem verrosteten Morgenstern des Schweizer Bauern an bis zum Perkussionsgewehr hinauf, und im Drange der Not findet sich für die schlechteste wie für die beste ein Arm, der nach ihr greift.

Ebenso verhält es sich mit den geistigen Kämpfen. Kaum sind sie vorüber, so staunt die Welt auch schon, daß sie mit solcher Erbitterung geführt werden konnten, und die Kritik der Schlachtfelder, die oft unmittelbar nach dem Siegesjubel beginnt, ist vielleicht die ungerechteste von allen.

Aber wie wohl der einzelne Mensch von Krankheiten geheilt, jedoch nicht das Menschengeschlecht von der Krankheitsanlage befreit werden kann, so wird auch die einzelne Generation einen auf sie vererbten Irrtum los, aber keineswegs in der Menschheit selbst die Quelle verstopft, aus der neue Wahngebilde emporsteigen. Wer begriff noch die Hexenprozesse, wer sah nicht wenigstens mit Stolz auf ein Jahrhundert herab, in dem eine so furchtbare Verirrung möglich gewesen war, und beklagte Männer wie Thomasius und Spee, die ihre beste Kraft an die Widerlegung solcher Kindermärchen setzen mußten? Da kam das Tischrücken und das Geisterklopfen: die erste Juristenfakultät Deutschlands legte öffentlich für die Wahrheit des Faktums ihr gewichtiges Zeugnis ab; Ärzte ließen sich durch den Psychographen in kritischen Fällen die Rezepte schreiben, geistreiche Dichter – ich berichte Tatsachen – erholten sich Rats bei ihm, wenn sie nicht wußten, wie sie ihren dramatischen Knoten in einem historischen Trauerspiel lösen sollten, und ehrbare Familienväter wandten sich bei Hausdiebstählen nicht an die Polizei, sondern an das hölzerne Instrument des Berliner Schneiders, in dem ein Wahrsagergeist saß, der sogar über seine Generalia, über Stand, Namen, Alter und Geschlecht, wie ein Delinquent zu Anfang des Verhöres, bereitwilligst Auskunft gab, bevor er Vertrauen verlangte. Der Schwindel war lächerlich, hatte aber seine ernste Seite und bewies aufs schlagendste, daß die dunkle Wurzel, der die Weltgeschichte ihre reiche Passionsblumenflora verdankt, noch immer lustig forttreibt, wenn auch die Schößlinge abgeschnitten sind, und daß sie noch äußerst kräftig ist, denn was bedeutet der Glaube an besessene Menschen gegen den an besessene Tische? Und das sind die Wendepunkte, wo die Jahrhunderte einander begreifen lernen und sich Gerechtigkeit widerfahren lassen. vs

55. Seit die Schopenhauersche Philosophie etwas mehr in den Vordergrund tritt, kommt die Weisheit des dramatischen Dichters wieder zu Ehren, die das Ursprüngliche, Angeborene, ein für allemal mit dem Individuum selbst Gegebene zu allen Zeiten für die Hauptsache hielt und die Wunder des Pfropfens und Okulierens nicht kannte. Der schöne Traum, den unser Herder aus seinem weichen Gemüt und nicht allzustarken Gehirn hervorspann, den unser Fichte und Pestalozzi, Pflügern nicht unähnlich, die sich an einer goldenen Morgenwolke versuchen wollten, in ein System brachten, und der in den Tollhäuslereien der Franzosen gipfelte, beginnt zu erbleichen, und die nüchterne Wahrheit findet wieder einige Gläubige. Shakespeare, der die ganze Welt und das ganze menschliche Geschlecht mit allen seinen Abstufungen und Verzweigungen umfaßt, hat nicht einen einzigen Charakter in seinen sämtlichen Stükken, bei dem die Pädagogik eine Rolle spielte: nicht einmal der Junker Slender, der die Anne Page auf der Stelle heiraten will, wenn er seinem Onkel dadurch einen Gefallen erweisen kann, weiß etwas von Schulmeistereinflüssen. Dagegen meint Fourier, Talent und Genie würden auch in der sozialen Republik Vorrang und Auszeichnung verdienen, wenn es bei gleicher Erziehung noch Talent und Genie geben könne, und treibt damit das Herdersche Perfektibilitätsprinzip auf eine Spitze, wo es von selbst umschlägt, weil es

nicht bloß mit den moralischen, sondern auch mit den intellektuellen Eigenschaften der menschlichen Natur in den schneidendsten Widerspruch tritt. Es hängt aber für ein Jahrhundert geradezu alles davon ab, wie es sich den *Menschen* denkt, denn dieser Grundbegriff ist bestimmend für alle übrigen und drückt den sozialen und politischen Doktrinen, vor allem aber auch der Rechtswissenschaft, sein Gepräge auf, welche letztere ihn immer am klarsten in der Lehre von der Zurechnung abspiegelt und bei uns in neuerer Zeit dem Punkte schon ziemlich nahe war, wo das Verurteilen ganz aufhört und wo man wenigstens nicht mehr den Nero, der Rom in Brand gesteckt, sondern höchstens noch den Seneca, der die Untat durch Saumseligkeit im Lektionengeben verschuldet hat, zur Verantwortung zieht.

Doch, wie gesagt, der Philosoph hat sich einmal wieder das Verdienst erworben, den Dichter, der immer zwischen ihm und der Natur vermittelt, zu erklären, und die alte Anschauung, wonach der Mensch sich trotz aller Hindernisse und Fördernisse wie jedes andere Naturprodukt, »nach dem Gesetz, wonach er angetreten«, entwickeln muß, wird über die neue, wonach aus nichts etwas und aus jedem alles werden kann, wenn er nur das rechte Gymnasium nicht verfehlt und sich im Professor nicht versieht, wohl endlich wieder den Sieg davontragen. v s

56. Man möchte zuweilen mit Jean Jacques die Kultur verfluchen. Sie entwickelt eigentlich nichts als unsere Bedürfnisse, die in einer Welt, wo sie nicht befriedigt werden können, wahre Krankheiten sind. Mensch verlangt vom Menschen, was Mensch dem Menschen nicht gewähren

kann oder will. Je tiefer wir in die Natur und ihren Reichtum eindringen, um so größere Ansprüche machen wir an sie. Ehemals waren die Erwachsenen wie die Kinder; wie hoffnungslos sind die Zeiten, wo die Kinder wie die Erwachsenen sind. Warum lernen wir so viel und so schnell! T

57. Das Prinzip der Gleichberechtigung aller Völker hat zwei Seiten. Wenn es nicht maßlos ausgedehnt wird, so schließt es allerdings eine notwendige und den Regierungen sehr wohl anstehende Anerkennung eines Gesetzes in sich, das als ein höchstes und letztes in allen Lebenskrisen waltet, ja das die innerste Natur des Lebens ausdrückt. Was unsere abstrakten Philosophen vom zweiten Rang auch dagegen einwenden mögen: nur im *Individualisieren* entbinden sich die ewigen Kräfte, als deren Produkt die Welt zu betrachten ist, und sie geben den Völkern so gut eine Physiognomie wie die einzelnen Menschen. Aber man muß nicht zu weit gehen, man muß nicht vergessen, daß Völker und kleine Volksstämme voneinander zu unterscheiden sind, daß die Zahl ihr Recht hat, und daß unter allen Umständen der Fortschritt in der Kultur einen temporären Vorzug im Staat bedingt. Sonst ist dieses Prinzip nichts weiter als eine neue, nur die Kurzsichtigkeit blendende Formel des alten divide et impera, und die konsequente Durchführung desselben könnte zwar einstweilen glücken und über manche peinliche Verlegenheit hinweghelfen, da der Kopf trotz seiner Augen und seines Gehirns natürlich überall den kürzeren ziehen muß, wo Arme und Beine als gleichberechtigt mit im Rat sitzen; für die Dauer würde damit aber nicht mehr aus-

gerichtet als durch die Temporal- und Lokalkur eines Quacksalbers. vs

58. Das gehört für mich mit in die mittelalterliche Rumpelkammer, daß es ganz und gar vom Belieben der Völker abhänge, ob sie ihr Land ordentlich bewirtschaften wollen oder nicht. Wenn Ungarn, wenn Italien, wenn Spanien und Portugal nicht produzieren, was sie produzieren können, so müssen Deutschland und Frankreich es so gut büßen wie sie selbst, darum haben sie auf ihre Trägheit kein Privilegium. Eine *organisierte Völkerwanderung* ist das einzige Mittel, einer unorganisierten, einem rohen Drängen und Stoßen der Massen vorzubeugen und Europa aus der größten Gefahr, die ihm droht, zu retten. Einer solchen müßte allerdings ein Völkerkongreß, aber nicht aus abstrakten Philosophen vom zweiten Rang, sondern aus Nationalökonomen zusammengesetzt, vorangehen. vs

59. *Der Mensch und die Geschichte*
Die Weltgeschichte sucht aus spröden Stoffen
   Ein reines Bild der Menschheit zu gestalten,
   Vor dem, die jetzt sich schrankenlos entfalten,
Die Individuen vergeh'n, die schroffen.

Die endliche Vollendung ist zu hoffen,
   Denn diese Künstlerin wird nie erkalten,
   Auch sehen wir, wenn sich die Nebel spalten,
Schon manchen Zug des Bildes tief getroffen.

Doch wir, wie Kinder in der Werkstatt harrend,
  Wir haschen nach den abgesprung'nen Stücken,
    Die, wie sie schweigend meißelt, niederfallen;

Dann rufen wir, in Andacht dumpf erstarrend,
  Mit krummen Nacken und gebeugten Rücken:
    Hier sind die Götter, laßt den Weihrauch wallen!

Kunstphilosophie

60. Die Kunst ist eine zusammengepreßte Natur und die Natur eine auseinandergelaufene Kunst. ᴛ

61. Es gibt noch etwas, was *über* Wissenschaft und Kunst steht; das ist der *Künstler* selbst, der in sich die Menschheit in ihrer Gesamtkraft und ihrem Gesamtwillen und Streben repräsentieren soll. Daraus, daß der Dichter in einer Hinsicht *mehr* besitzt, folgt nicht, daß er in der andern *weniger* besitzen dürfe; eher das Gegenteil. Thorwaldsen hat gewiß jahrelang Anatomie und Osteologie studiert, bevor er seinen Jason schuf und schaffen *konnte*; der Dichter, der die unendlich schwierigere Aufgabe hat, die Seele in ihren flüchtigsten und zartesten Phasen zu fixieren, den Geist in jeglicher seiner oft bizarren Masken auf das Unvergängliche zu reduzieren und dies Unvergängliche plastisch als Charakter hinzustellen, darf in keinem Gebiet fremd sein, was zu Seele und Geist in irgend einem Bezug steht, denn nur, wenn er das Universum (wozu tausend Wege führen, deren jeder gewandelt sein will, weil jeder einzelne nur in einen einzelnen Punkt ausläuft) in sich aufgenommen hat, kann er es in seinen Schöpfungen wiedergeben. Das haben auch alle Hohepriester der Kunst gefühlt; Goethe war eine Enzyklopädie, und Shakespeare ist eine Quelle der englischen Geschichte. ʙ

62. Ob Rafael wohl je etwas Häßliches gesehen hat? T

63. In den Zuständen zu sein und nicht darin zu sein, das gibt ihnen den Reiz. Daher reizt uns der durch die Kunst vermittelte Genuß des Lebens mehr wie der eigentliche, denn er gibt uns das Hinübergehen, statt des darin Aufgehens. Das durch die Kunst erregte Gefühl ist demjenigen gleich, das wir haben, wenn wir erst in einen Zustand eintreten: Duft ohne Hefe. T

64. Alle Mittelmäßigkeit in der Poesie führt zur Heuchelei in Charakter und Leben. T

65. Den großen Dichter charakterisiert vor allem eins, ihn charakterisiert, daß seine Gebilde nicht, wie Statuen, unfruchtbar in den Nischen stehen bleiben, sondern daß sie, wie lebendige Menschen, fortzeugen. Das bestätigt sich auch an Goethe; seine Schöpfungen haben nicht bloß sich selbst behauptet, sie haben auch ihresgleichen hervorgerufen, wenigstens in dem Sinne, daß die Hervorbringungen einer ganzen Reihe von sekundären Talenten äußerlich die unverkennbarsten Spuren der Verwandtschaft an sich tragen, wie sie innerlich auch aussehen mögen. Dieses Kriterium ist freilich rein empirisch, es dürfte aber trotzdem den einzigen untrüglichen Fingerzeig für die Zukunft abgeben. Den momentanen Erfolg hat die Mittelmäßigkeit sehr oft vor dem Genie voraus, weil sie immer an Bekanntes anknüpft, weil ihr ganzes Geschäft darin besteht, daß sie alte Fäden zerzupft und sie wieder neu verspinnt. Das Zeitungslob knüpft sich ganz natürlich an den momentanen

Erfolg, denn es ist selten mehr, und kann auch nicht füglich mehr sein, als der Widerhall eines naiv hingenommenen ersten Eindrucks. Aber noch nie kam der Fall vor, daß sie zeugte.

Goethes Familie vermehrt sich mit jedem Tage. Der alte Götz rief noch ganz kürzlich den »Franz von Sickingen« ins Leben und Tasso ist der Großvater des »Königsleutnants«. Wenn Goethe freilich in seinem didaktischen Drama einen sich unter allen Umständen ergebenden inneren Konflikt zum Gegenstand seiner Darstellung erhob, so kamen seine Nachfolger selten über den zufälligen äußeren hinaus; wenn jener veranschaulicht, wie der Künstler vermöge derselben Eigenschaften, die die Welt an ihm schätzt und die ihn zu dem machen, was er ist, mit der Welt in Widerspruch gerät und geraten muß, so zeigen diese gern, daß es dem Künstler öfter, wie dem Gevatter Schneider und Handschuhmacher, an Geld gebricht, daß er sich leicht aus dem Stegreif verliebt und bei solchen Gelegenheiten noch leichter auf solide Väter stößt, die ihn als Schwiegersohn verschmähen, daß er endlich nicht eher allgemein anerkannt wird, als bis er allgemein anerkannt werden kann, bis er nämlich seine Taten hinter sich hat und ein abschließendes Urteil zuläßt. Das heißt denn allerdings das Gebiet der Tragödie mit dem der ordinären Tragikomödie vertauschen, und je unfreiwilliger dies geschieht, je weniger die Dichter ahnen, daß sie es tun, um so vollständiger wird die Grenzverwirrung und um so possierlicher für den ästhetisch Gebildeten, trotz der vielleicht stromweis um ihn herum rinnenden Tränen, der Eindruck. Was würden die Herren sagen, wenn einer ihrer Kollegen aus einer Welt voll Menschen gerade den Kaiser Napoleon herausgriffe, um uns durch sein Beispiel klar zu machen, wie bitter der Kampf mit Nahrungssorgen sei und uns zu diesem Zweck die Periode seines Lebens schilderte, wo sein tägliches Diner von seinem Kredit bei der Obsthändlerin abhing. Dennoch tun sie im Grunde das nämliche, wenn sie die Heroen der Kunst heraufbeschwören, um uns die Misere einer prekären Existenz, die sie mit so vielen andern Sterblichen teilen, in grellen Farben vorzuführen. Das kann im singulären Fall mit zur Sache gehören, aber wehe dem sogenannten Kunstwerk, in dem es den Mittelpunkt abgibt, denn das jammervolle Mitleid, die elende Rührung, die durch den Nebengedanken entsteht, daß ein Bettler die Ilias gedichtet, und daß dieser Bettler vielleicht in dem Augenblick gehungert hat, wo er ein glänzendes Gelage beschrieb, soll der Künstler verachten. Es ist und bleibt ein Grundgesetz der Kunst, daß sie, wenn sie von den Erscheinungen, die in unendlicher Zahl und Mannigfaltigkeit aus dem Schoß der Natur hervorgehen, die eine oder die andere in den Bereich ihrer Darstellung zieht, dies nur der Eigenschaften wegen tun darf, die diese Erscheinung von allen übrigen unterscheiden. Den Magen usw. hat nun der Dichter mit der ganzen Menschheit gemein, das reizbare Nervensystem hat er allein und muß es haben, denn dieses, das ihn allerdings der Welt gegenüber in Nachteil bringt, indem es ihn überempfindlich macht und ihm in persönlicher Wirkung und Gegenwirkung das Maßhalten erschwert, vermittelt in ihm doch auch zugleich den raschen Konnex zwischen dem Gehirn und dem Herzen und setzt ihn in den Stand, daß er nicht, wie Jupiter, mit dem Kopf zu gebären braucht. Darauf aber beruht das Eigentümliche seines Wesens und seiner Tätigkeit. vs

66. Daß Shakespeare Mörder schuf, war seine Rettung, daß er nicht selbst Mörder zu werden brauchte. Und wenn dies, einer solchen Kraft gegenüber, zuviel gesagt sein könnte, so ist doch sehr gut eine gebrochene Dichternatur denkbar, bei der das in anderen Menschen gebundene und von vornherein ins Gleichgewicht gebrachte, im Künstler aber entfesselte und auf ein zu erringendes Gleichgewicht angewiesene elementarische Leben unmittelbar in Taten hervorbräche, weil die künstlerischen Produktionen in sich ersticken oder in der Geburt verunglücken. t

67. Was ist Leben? Das gewiß nicht, was der Gedanke an das leere Blatt, das man vollschreiben will, weil man nicht schlafen kann, einer lahmen Phantasie abjagt. Was sind Erlebnisse? Eindrücke, von denen man nicht weiß, ob man sie festhalten soll oder nicht, und denen man sich nur überläßt, um sich einbilden zu können, daß man noch nicht tot sei, wird niemand dafür halten. Leben ist der innere Tigersprung, der Sättigung irgend einer Art erstrebt. Ein Erlebnis ist da, sobald eine Möglichkeit zur Wirklichkeit geworden ist. Freilich hat jeder Tagelöhner das Recht, seine Tochter Laura oder Elisabeth taufen zu lassen und sich vorzulügen, wenn er sie küßt, er küsse die Geliebte Petrarcas, und wenn er sie ohrfeigt, er ohrfeige eine Königin von England. So mag denn auch ein Schriftsteller, der sein Herz so lange umrührt, bis es Blasen aufwirft, diesen hohlen Blasen immerhin die höchsten Namen beilegen; er verarge es der

Kritik aber nicht, wenn sie dem Publikum, ihrer Pflicht gemäß, zuruft: bei diesem Wirt ist der gute Wein nur auf dem Schild zu haben, nicht in der Gaststube. vs

68.
Nur vom Überfluß lebt das Schöne, dies merke dir, Dichter,
Hast du nicht etwas zu viel, hast du mit nichten genug.

69. Das Talent macht eine vereinzelte Erscheinung des Weltlaufes geltend, wie sie sich entwickeln *kann*, und hat den prüfenden Verstand immer auf seiner Seite; das Genie zeigt uns, wie jeder Gegenstand, den es sich zur Aufgabe gestellt hat, *sein muß*, die ganze große Natur steht im Hintergrund und *bejaht*. Wir können uns ein höchstes Kunstwerk durchaus nur in der Gestalt, worin es der Dichter uns vorführte, denken; so wenig anders, als eben einen Baum, einen Berg oder einen Fluß. т

70.
Machte der Künstler ein Bild und wüßte, es daure ewig,
Aber ein einziger Zug, tief, wie kein and'rer, versteckt,
Werde von keinem erkannt der jetz'gen und künftigen Menschen,
Bis an's Ende der Zeit, glaubt ihr, er ließe ihn weg?

71. Menschen, die wenig Verstand haben, werden leicht viel Phantasie zu besitzen scheinen. Das kommt aber nicht daher, daß dies Vermögen bei ihnen wirklich in einem höhern als dem gewöhnlichen Grade vorhanden ist, es

kommt nur daher, weil die Dinge auf sie verworrene Eindrücke machen und eben, weil der Verstand, der alles auf seine ursprünglichen Erscheinungsgründe zurückzuführen sucht, bei ihnen nicht tätig ist, zu allerlei wunderlichen Kombinationen Gelegenheit geben. Echte Phantasie geht immer mit der Vernunft und meistens auch mit dem Verstand Hand in Hand. T

72. Jedes unbedeutende Schlaglicht, das auf irgend einen Gegenstand fällt, aufzufangen; nichts, was einem Jahrmarktsbild ähnlich sieht, sich entwischen zu lassen; keinen Scherz, keinen Einfall zu verschmähen, und aus solchen Stoffen mit Hilfe einer bei Vorwürfen der Art nicht schwer zu erringenden, gewandten Metrik einen prunkenden Pfauenschweif zu bilden – wenn das Dichten heißt, so hat in meinen Augen die Dichtkunst keine Würde mehr und kein Gewicht.

Ich erachte sie für einen Geist, der in jede *Form* der Existenz und in jeden *Zustand* des Existierenden hinuntersteigen, und von jener *Bedingnisse*, von diesem die *Grundfäden* erfassen und zur Anschauung bringen soll. Sie erlöse die Natur zu *selbsteigenem*, die Menschheit zu *freistem* und die uns in ihrer Unendlichkeit unerfaßbare Gottheit zu *notwendigem* Leben! Das geschieht freilich nicht, wenn wir die Natur in eine ihr nicht gemäße, sogenannte höhere Region hinüberführen und z. B. sterbenden Blumen unsere Empfindungen und unseren Trost unterlegen. Das geschieht nicht, wenn wir mit Schiller des Menschen Angesicht durch ein Vergrößerungsglas betrachten und den Hintern entweder gar nicht oder durch ein Verkleinerungsglas. Das geschieht noch weniger, wenn wir uns zu jämmerlichem Gewürm herunterkanzeln, damit der liebe Gott, der am Ende doch, als er schuf, tat, was er konnte, recht prächtig und erhaben darüber sitze.

Leben ist Verharren im Angemessenen. Ein Teil des Lebens ist *Ufer* (Gott und Natur), ein anderer (Mensch und Menschheit) ist *Strom*. Wo und wie spiegeln sie sich, tränken und durchdringen sie sich gegenseitig? Dies scheint mir die große Frage von Anbeginn, die dem Dichter der Genius vorlegt. Sein Wesen und Streben, am Ende der Bahn von dem Auge eines Verwandten, wo möglich Größeren, zusammengefaßt, bilden die Antwort, die dann, als Quintessenz seiner Existenz, fortwirkt ins Unendliche. Vielleicht erscheint gegen den Abschluß aller irdischen Dinge ein Letzter, Allgewaltigster, der die Summen der vorübergerauschten Jahrtausende in seine Persönlichkeit zieht und sie der Menschheit, die nun einmal nicht aufsummieren kann, zu treuen Händen, als Reinertrag ihres gesamten Haushaltens, übermacht. Ich meine in ihren Koryphäen schon jetzt mit Sicherheit ein aufsteigendes Prinzip wahrnehmen zu können. So beherrscht, im Gegensatz zu Homer, der Epiker Dante zugleich *Himmel* und *Erde*, so ist der Humorist Richter ein erweiterter Sterne, und Goethe ein, wo nicht verklärter, so doch klarerer Shakespeare. T

73. Es ist in der Kunst von der größten Wichtigkeit, daß den *Dingen* am rechten Ort ihre *Schatten* voraufgehen, damit die ordinäre Überraschung das höhere Interesse nicht beeinträchtige. T

74. Die Poesie kann sich, wenn sie nicht gefrieren will, vor der Intimität mit dem »absoluten Gedanken« gar nicht genug hüten; ich sage: die Poesie, ich sage nicht: der Poet! Dieser soll allerdings nicht, um sich die Naivität der Unwissenheit zu erhalten, seine Augen und Ohren vor der höchsten Wissenschaft verschließen, denn er ist unter anderem auch ein Mensch, und dem Menschen ist die Kenntnis seines Verhältnisses zum Universum notwendig, wenn er sie auch damit bezahlen muß, daß er, nachdem er sie erlangt hat, seine Kinderspiele nicht mehr ernsthaft treiben kann. Doch der echte Poet wird von der Wanderung durch den Abgrund, in dem alle Farben verlöschen, eben eine verdoppelte Liebe zu der bunten Erscheinungswelt mit heim bringen und sich mit der größten Innigkeit an sie hingeben; nie aber wird er versuchen, die unheimliche Folie des Lebens, die schwarze, unterscheidungslose Nacht in einen goldenen Rahmen zu schlagen. Den Baum mit seiner Blütenkrone zu malen, ist seine Aufgabe, nicht die Wurzel, die sich im Schoß der Erde birgt. Und das weiß er! v s

75. Es gibt eine doppelte Art von Produktion, eine absolut schöpferische, die, wie Schiller sagt, »in der Natur die Natur vermehrt«, weil sie den Weg zu dem Brunnen selbst findet, aus dem die ewigen Bildungen aufsteigen, und eine untergeordnete, auf die Reflexion angewiesene, die aus der zweiten Hand lebt und den Ideengehalt der Zeit, sei dieser nun ein vorzugsweise religiöser, philosophischer oder politischer, verarbeitet. Jene wird nie überwunden, denn sie erzeugt im Einklang mit den geheimnisvollen Gesetzen alles Werdens und alles Seins jedesmal einen rund für sich abge-

schlossenen Kristall, den das größte Talent, was im Lauf der Jahrhunderte nachfolgt, nicht wieder auflösen oder gar zerschlagen, dem es höchstens einen gleichen an die Seite stellen kann. Diese wird oft schon durch das nächste Dezennium überholt, denn die Stimmung der Welt, die sie auffing und wiedergab, braucht nur zu wechseln, oder auch nur in eine neue Phase mit neuen Fernsichten auf neue Verhältnisse zu treten, und es ist um sie geschehen. Beide Arten kommen in jeder Form der Poesie vor; man trifft reine Kristalle in der Äsopischen Fabel, es fehlt nicht an Reflexionsdramen in irgend einer Literatur. Mit Definition wird wenig ausgerichtet, wo die Grenzen oft auf kaum unterscheidbare Weise durcheinander laufen wie hier, aber es gibt ein empirisches Kriterium, welches niemals trügt. Man braucht sich, wenn man im einzelnen Fall wissen will, ob man es mit einem Kristall oder mit einer Reflexionsspitze zu tun habe, nur einfach zu fragen, ob eine Leiter zu dem Produkt hinaufführt oder nicht, d. h. ob es die bloße höhere Potenz einer längst vorhandenen Gedankenreihe ist, oder ob es an die Minerva mahnt, die plötzlich aus Jupiters Haupt entsprang. So wird niemand die Genealogie des Goethischen Erlkönigs, des Uhlandschen Glücks von Edenhall, der Heineschen Meerlilie nachweisen können; so hat das fallende Lindenblatt der Nibelungen, dem Siegfried seine Verwundbarkeit verdankt und das Homers Achillesferse an Schönheit unendlich übertrifft, weil die in ihrem Recht gekränkte äußere Natur hier motiviert, was dort aus mütterlichem Unverstand hervorgeht, kein Vorher und kein Nachher gehabt; so steht die Mordnacht im Macbeth einzig da. Umgekehrt aber haben Didaktik und Deskription, gleichviel, ob sie mit offenem Visier in ihren eigenen Formen hervortreten oder incognito in fremden erscheinen, immer Ahnen und Enkel. v s

76. Wenn die Poeten unsrer Zeit, namentlich die dramatischen, das Ziel verfehlen, so redet man sich und ihnen gewöhnlich ein, das rühre daher, weil sie einen verkehrten Weg eingeschlagen, und erspart sich die Untersuchung, ob denn auch von vornherein die nötigen Mittel vorhanden gewesen sind, und ob die meisten derselben, wenn sie sich auch über die Anlage selbst nicht täuschten, sich doch nicht über den Grad derselben getäuscht haben. Unstreitig ist der Verstandesirrtum, der so herauskommt, auch leichter zu ertragen, als der innere Mangel, der sonst eingeräumt werden müßte, und darin mag der Grund liegen, warum man so hartnäckig an ihm festhält; in diesen müßte man sich ein für allemal mit unbedingter Resignation ergeben, jenem dagegen wäre abzuhelfen, wenigstens scheinbar, da eine Legion mißlungener Versuche die Befugnis, immer neue wieder anzustellen und die Hoffnung, endlich einmal das Rechte zu treffen, nicht ausschlösse, der Tag der letzten Rechenschaft also niemals käme. Aber wenn nun der Beweis geliefert werden sollte, daß ein solcher Irrtum ohne einen solchen Mangel auch nur möglich wäre, so würde sich's schnell zeigen, welch eine Widersinnigkeit man behauptet hätte. Denn daß die schaffende Natur auf jeder Stufe, die sie auf ihrem langen Wege von der Basis bis zur Spitze zurücklegt, eine Weile ausruht und das hervorruft, was sie auf ihr schon hervorrufen kann, ist klar, und nicht minder, daß auf diese Weise in der physischen, wie in der

geistigen Sphäre hin und wieder an gewissen Punkten mit Notwendigkeit ein Übergangsgeschöpf hervortreten muß, das der Idee nach einer höheren Gattung angehört, als es durch seine noch mangelhaften Organe zu realisieren vermag. Wie könnte solch ein Geschöpf nun aber wohl dem Widerspruch zwischen Wollen und Vollbringen entfliehen? Der fliegende Fisch wird aus dem leichten Element, in das er hinein strebt, immer wieder in das schwerere, dem er sich zu entziehen sucht, zurückfallen, die Fledermaus wird niemals Vogel und ist doch unleugbar mehr als das Tier, mit dem sie den Namen teilt, der unzulänglich begabte Dichter zieht im Traum phantastische Fäden, bringt es aber nie zum Gewebe und ist darum das Spiel jedes Windes, der in seine luftige Schöpfung hineinbläst. Das alles ist einfach; wie jedoch mit entschiedener Kraft eine unentschiedene Richtung, mit dem Vermögen für das Bestimmteste, worin eine solche Kraft eben besteht, ein unbestimmtes Abirren ins Wüste und Leere hinein vereinbar sein könnte, ist durchaus nicht zu begreifen.

Man wird daher wohl zu der entgegengesetzten Betrachtungsweise zurückkehren und einräumen müssen, daß der Poet, der den rechten Weg nicht zu finden weiß, schon darum nicht der rechte sein kann, wenn damit auch die meisten unserer sogenannten Literaturhoffnungen wegfallen. Kraft und Erkenntnis bedingen sich im Dichter, wie überall, gegenseitig. Die Natur ist nicht so grausam, dem Individuum, dem sie die Kraft versagte, die Erkenntnis aufzudrängen, denn sie würde es dadurch vernichten, sie ist noch weniger so unverständig, dem Individuum, dem sie die Kraft verlieh, die Erkenntnis vorzuenthalten, denn sie würde dadurch die höchsten Wirkungen, die sie durch dasselbe bezweckt, schwächen, ja aufheben. Wo die Erkenntnis mangelt, da gebricht es sicher an der Kraft, ihr zu genügen, und wo die Kraft ausreicht, da kann es an der Erkenntnis nimmermehr fehlen. Man hat sich in Deutschland freilich den Begriff des Naiven, den man noch instinktmäßig als die Grundbedingung alles künstlerischen Schaffens festhielt, auf eine Weise zurecht gemacht, die diesem Axiom widerspricht, aber das ist eben ein Unbegriff. Man setzt das Naive in einen beharrlichen Zustand dumpfer Unbewußtheit, in dem das Schöne nicht bloß, wie allerdings geschieht, empfangen, sondern auch geboren werde, und reduziert so die zwei Momente, in die der schöpferische Prozeß zerfällt, ohne daß eins das andere beeinträchtigt, auf einen. Es ist nun zwar seltsam genug, daß sich diese Vorstellung gerade bei uns festsetzen konnte, da wir doch in dem Briefwechsel, den unsere beiden größten Dichter in der Fülle ihrer Kraft, zu der Zeit, wo sie ihr Bestes lieferten, miteinander führten, die schlagendste Widerlegung derselben haben; oder waren Schiller und Goethe sich nicht fast bis zur Durchsichtigkeit klar? Sie steht aber offenbar noch bis auf diesen Tag in Ansehen, und der Grund ist, wie öfter in ästhetischen Dingen, in der Verwechslung der Karrikatur mit dem Wesen der Sache zu suchen. Es gibt nämlich eine doppelte Naivität, die triviale, deren sich der Besitzer nicht rühmen würde, wenn er wüßte, daß sie auf lauter Negationen beruht, und die echte, die nicht den Geist und also auch nicht das von diesem unzertrennliche Bewußtsein ausschließt, wohl aber eine bestimmte Form des Geistes, die Reflexion. Beide muß ich etwas näher charakterisieren.

Die triviale Naivität wurzelt allerdings, jener Vorstellung gemäß, im vollständigsten Erkenntnismangel und wird nur durch diesen, nur durch das, was ihr fehlt, in Tätigkeit gesetzt. In ihr feiert die Natur den possierlichsten ihrer Triumphe und erreicht durch Versagen und Nehmen, was sie durch Gewähren und Geben nie erreichen wird, unerschütterliche Selbstgefälligkeit und unerschöpfliche Produktivität. Ihr beweist die Abwesenheit einer Eigenschaft immer die Anwesenheit einer andern, die Leere an allem idealen Gehalt z. B. die Fülle konkreten Lebens. Sie weiß von keinem Gesetz, weil kein Gesetz auf sie rechnet, und kann sich deshalb auch an keins stoßen; sie soll nur spielen und sie spielt das Königsspiel in dem schrankenlosen Bereich des Nichts. Desungeachtet erlaubt sich die Natur nicht etwa bloß einen neckischen Scherz mit ihr, sondern erfüllt eine mütterliche Pflicht gegen sie, wenn sie das Licht von ihr abhält. Übergehen konnte sie sie nicht, sie war möglich und darum notwendig, aber eben weil sie ihr alle und jede Ausstattung für Tat und Wirkung vorenthielt, war sie ihr einen Ersatz in erhöhtem Selbstgenuß schuldig, und den hat sie. Freilich gibt es auch, und das ist natürlich, da ja jede Stufe weiter führt und alle Übergänge sich ineinander verlaufen, in dieser trivialen Naivität Grade, und es finden sich Individuen, die zuweilen eine Ahnung des inneren Defizits durchfröstelt. Doch das geschieht nur in einzelnen seltenen Momenten, und von einem Durchbruch der Erkenntnis ist nicht die Rede, sie unterdrücken ihn mit Gewalt. Der fliegende Fisch tröstet sich, wenn er wieder heruntertaumelt: Ich bin Bruder des Adlers und des Leviathans zugleich, und die Fledermaus denkt: Mir gehört der Tag, wie die Nacht!

Dennoch tritt, solchen Individuen gegenüber, unbedingt die Zurechnung ein, die bei den übrigen, noch unter sie gestellten, wegfällt, denn wenn sie ein mangelhaftes Talent, dessen Lückenhaftigkeit sie, ungleich diesen, selbst fühlen, mit entschlossener Resignation wegwürfen, so könnten sie sich als Geister vollenden und aus den letzten Produzenten die ersten Kritiker werden. Sie ziehen vor, sich und die Welt zu betrügen und büßen als Menschen, was sie als Künstler verbrechen, da ästhetische Sünden, so gut wie moralische, ethische Nachwirkungen haben, wenn sie auch keine kriminellen Strafen nach sich ziehen, sondern nur innerlich am Kern des Wesens zehren. Hier gilt Schillers tiefer Ausspruch: »Das kleine Ich, das sich nicht so weit zu erweitern vermag, daß es dem Ideal genügt, verengert das Ideal nach sich!« Das ist ein Frevel, aber doch gewiß auch ein Fluch!

Von diesem allen trifft nun nichts die echte Naivität. Nichts? Doch, der Schein, und aus diesem Schein eben ist die widersinnige Vorstellung, die uns hier beschäftigt, hervorgegangen. Das werden wir gleich sehen. Wenn die triviale Naivität vom Gesetz nichts weiß und nichts wissen darf, weil sie eben des Selbstgenusses wegen hervorbringen muß und doch nichts hervorbringen kann, was vor dem Gesetz Bestand hätte, so ist die echte, als reinste Erscheinung des Genies und als einzige des vollen und ganzen, so gesetzmäßig organisiert, daß das Gesetz sich ganz von selbst in ihr vollzieht, daß sie sich auf dasselbe nicht erst zu besinnen, nicht erst die Probe zu machen braucht. Bei der einen fällt also, wie bei der anderen, das Moment der Reflexion weg; aus den verschiedenartigsten Gründen zwar, aber was tuts, der gemeine Beobachter findet einen Vergleichungspunkt heraus und konfundiert nun nach Lust und Belieben. Ein Denken, das, wie schon A. W. Schlegel bemerkt, nur darum nicht als Nachdenken auftritt, weil es zu schnell von statten geht, ist ihm überhaupt kein Denken mehr und fällt mit dem trivialen Denkunvermögen zusammen; der Blitz ist kein Feuer, weil er ohne Zündhölzchen zustande kommt, Ideen, die wie Goldadern den Berg, das Kunstwerk in seiner Tiefe durchkreuzen, sich aber nirgends in klingende Sentenzen-Scheidemünzen umsetzen, sind keine oder doch nur zufällig, ohne Wissen und Wollen des Künstlers hineingeraten und eher dem, der sie entdeckt, als ihm selbst anzurechnen, wie dem Erwachsenen die Reflexion über ein Kinderspiel, dem er zusieht. Es liegt der ganzen Betrachtungsweise offenbar außer der Oberflächlichkeit des Geistes auch einige Gemeinheit des Herzens zugrunde. Man wollte der unbequemen Ehrfurcht vor dem Ursprünglichen, das im Genie zur Erscheinung gelangt, los sein und erfand sich deswegen von der Naivität, die es unzertrennlich begleitet, einen Begriff, der es an sich zwar in seiner Würde und Bedeutung unangetastet läßt, den Träger aber, das damit ausgestattete und nach der Meinung von ehedem bevorzugte Individuum, noch unter die gewöhnlich begabte Menschennatur hinabdrückt. Wenn ein Kind spielend eine Uhr zusammensetzte, aber gar nicht ahnte, daß sich damit die Zeit messen ließe, sondern sie zum Kegeln benutzen wollte, könnte man ihm das Ding nicht aus der Hand nehmen und es brauchen, das Werk hochschätzen und doch über das Kind lächeln? Solch ein Kind wollte man gern aus dem Genius machen!

Wir haben uns überzeugt, daß dieser Unbegriff nur das

Wesen der trivialen Naivität ausspricht und auf die echte nicht paßt; er kann also gegen das oben ausgesprochene Axiom nichts beweisen. v s

77. Nie hat ein echter Künstler aus »Ehrgeiz« gedichtet, gemalt oder komponiert; nie ist er daher durch »Zurücksetzung« stumm gemacht oder aus seiner Bahn gedrängt worden, nie aber freilich auch durch das »Gottesurteil des Erfolges« übermütig und vermessen. Das Tragische seines Schicksals liegt eben darin, daß er als Mensch zur Befriedigung seiner menschlichen Bedürfnisse so gut wie ein anderer der Erreichung äußerer Zwecke bedarf, als Künstler aber diesen Zwecken nichts opfern kann, ohne einen Selbstmord zu begehen. Die Poeten, die durch Preisgerichte zerschmettert werden können, sind alle aus den Satiren des Horaz ausgebrochen. Man muß sie wieder einzufangen suchen, denn sie werden sämtlich Journale gründen, die das Vortreffliche herunterreißen und das Niederträchtige loben. v s

78. Jean Paul tat der Armut in seinen lyrisch-idyllischen Romanen sicher zu viel Ehre an, als er sie zu verherrlichen suchte; sie ist ein Fluch unter allen Umständen, und wenn er das enge Schulhaus seines Quintus Fixlein mit holländischer Sorgsamkeit herausputzte und sich und uns einreden wollte, daß ein anderes als das Begräbnisfest darin gefeiert werden könne, so ging das eben aus seinem Bedürfnis hervor, sich mit diesem Fluch durch eine poetische Verklärung individuell auszusöhnen, und zeigt nur, wie tief er selbst ihn empfunden hat. Man legt der Armut aber auch umgekehrt

zu viel Gewicht bei, wenn man meint, sie könne Talente erdrücken, die nicht auch unter den günstigsten Verhältnissen unbedeutend geblieben wären; das kann sie nicht. Sie hat nur auf die Richtung Einfluß, die die Talente später nehmen; dieser Einfluß ist aber freilich so groß, daß der Mensch, wenn er zum vollen Bewußtsein gelangt, seine ganze sittliche Kraft aufbieten muß, um ihn wieder zu beseitigen, wenn er nicht zeitlebens Unerquickliches hervorbringen will. Jean Paul gelang das nicht, obgleich er weiter kam als der bis an sein Ende grollende Herder; er blieb beim Selbstbetrug stehen; Schiller tat seine Vergangenheit vollständig in sich ab, und das war sein glänzendster Sieg. Diese Bemerkungen sollen den Staat nicht etwa in seiner bisherigen kalten Gleichgültigkeit gegen seine besten Kräfte bestärken; sie sollen den Literaturhistoriker nur zur Vorsicht ermahnen, wenn es einmal wieder gilt, einer »Hoffnung« die Grabschrift zu setzen, die ohne Erfüllung blieb, weil ein früher Tod, dem Not und Elend vorhergingen, sie erstickte. Man erblickt zwar jetzt in jeder gespitzten Feder einen Gewinn der Literatur und in jeder zerknickten einen Verlust; man zählt die Schreiber, statt die Leistungen zu wägen, und ist nahe daran, den Wert des Literaturzustandes nach der Masse derer, die er ernährt und beschäftigt, abzuschätzen. Doch man sage, was man wolle, die Literatur hat es nur mit dem Hervorragenden zu tun, sie besteht nur aus Spitzen, und wenn es völlig gelingen sollte, sie, wie man versucht, in eine Art von Kolonie für das geistige Proletariat umzuwandeln, so ist es mit Kunst und Wissenschaft vorbei. Es ist noch niemals ein so unsinniger Kampf geführt worden, als derjenige ist, den dies Proletariat jetzt gegen das Talent oder, wie es sich auszudrücken beliebt, gegen die »Aristo-kratie« des Talents zu führen beginnt. Das Vorhandensein dieser »Aristokratie« läßt sich allerdings nicht ableugnen, und ebensowenig kann man es bestreiten, daß sie der Mit-telmäßigkeit im Wege steht, d. h. daß sie es ihr erschwert, die Produkte des auf ein Gelüst der Menge spekulierenden Magens, denen mit dem Gehalt jede Existenzberechtigung fehlt, neben den Resultaten eines für die Welt und Nach-welt wichtigen, weil sich niemals in gleicher Form wie-derholenden geistigen Entwicklungsprozesses geltend zu machen. Doch nur ein mit der größten Gemeinheit der Ge-sinnung gepaarter Unverstand, nur eine Logik, die dem Affen allenfalls auch das Recht einräumte, den ihn beschä-menden Menschen aus der Welt zu schaffen, nur eine voll-kommene Vertierung kann den Schluß daraus ziehen, der doch schon hin und wieder gezogen ward, den Schluß, daß der in der Natur der Dinge gegründeten Herrschaft dieser »Aristokratie« ein Ende gemacht werden müsse. Man sei aber nur konsequent, man bleibe nicht stehen, sobald dem eigenen Egoismus genug geschah, sondern gehe weiter! Dann wird man, nachdem man die Talente der Gegenwart zum Schweigen gebracht und die noch gefährlicheren der Vergangenheit durch Omars Radikalmittel beseitigt, allen-falls auch, der Weißbinder und Steinmetzen wegen, die uns übrig gebliebenen Statuen des Altertums zerschlagen und die Gemäldegalerien zerstört hat, nicht umhin können, mit dem Selbstmord aufzuhören. Denn, so wie das Talent abge-tan ist, tritt der gewöhnliche Menschenverstand, der ja auch nicht jedermanns Sache zu sein pflegt, an seine Stelle und muß, wenn er nicht sein Prinzip aufgeben will, den Platz räumen; das muß aber so fort und fort gehen, bis der letzte Mensch und die erste Bestie als Thronprätendenten zusammenstoßen, wenn nicht dieses unvermeidlichen Ausgangs halber der Anfang noch einmal in Überlegung gezogen und die Überzeugung gewonnen wird, daß die höchste menschliche Tätigkeit sich nicht zum Handwerk erniedrigen läßt, ohne sich in ihr Gegenteil zu verkehren. Die Literatur ist nicht dazu da, die Leute, die nirgends unterzukommen wissen, zu versorgen, und es ist ein besserer Zustand, wenn sie dem Begabtesten das Notwendige versagt, als wenn sie es dem Unbegabten gewährt. v s

79. Eine Volkspoesie in dem banalen Sinn, worin man den Ausdruck gewöhnlich nimmt, hat nie existiert und wird nie existieren. Jede dichterische Tat, von der Epopoe und der Tragödie an bis zum Handwerksburschenlied und zum Schnaderhüpfel herunter, ist eine individuelle, und das vielköpfige Ungeheuer als solches kann es so wenig zu einem organisch in sich geschlossenen Kunstgebilde bringen, wie der Wald als solcher zu einem Apfel, der nicht auf einem besonderen Baum gewachsen wäre. Aber freilich trägt das Volk den poetischen Stoff zusammen, indem es mit Millionen Augen sieht und mit Millionen Ohren hört und seltene Naturmomente, die sich der Beobachtung des Einzelnen entziehen, wenn er sich nicht eines außerordentlichen Glückes erfreut, so wie wunderbare Geschichten aus der Menschenwelt, die sich oft erst in Jahrhunderten wiederholen, in treuem Sinn festhält und von Geschlecht auf Geschlecht vererbt. Tritt nun der Dichter hinzu, so wird er den aufgespeicherten Reichtum ohne Zweifel zu schätzen wis-

sen, aber die Hauptsache, die Beseelung geht von ihm aus, und darum ist und bleibt er der eigentliche Schöpfer, dem im wesentlichen so wenig vorgearbeitet als nachgeholfen werden kann. Es ist das Verhältnis der Biene zum Blumenflor; der Saft hat es noch weit zum Honig. V S

80. Der Weihnachtsabend, das schöne Fest, wegen dessen man das Christentum noch nach Jahrtausenden lieben und wenigstens beneiden wird, ist vor der Türe. Auf Straßen und Plätzen sind die mystischen Buden aufgeschlagen, vor denen die Kinder so gern verweilen, weil sie sich in Träumen ergehen, welche von den dort zur Schau gestellten Herrlichkeiten ihnen wohl zuteil werden dürften. In den Kaufläden ist alles ausgelegt, was die Wünsche der Erwachsenen zu Begierden steigern kann; was das nimmer rastende England an neuen Stoffen hervorbrachte, was das selbst während seiner Revolutionen spekulierende Frankreich an eleganten Fassons erfand, das wird auf die verführerischeste Weise hinter Fenstern, deren Glanz die Pracht der lockenden Gegenstände nur noch erhöht, vor uns ausgebreitet, und wenn die eigensinnige Sonne es am Tage verschmäht, diese Schätze mit ihren Strahlen zu vergolden, so muß die Gasflamme, deren Zauber der Geschäftsmann in seiner Gewalt hat, zur Nacht ihre Stelle ersetzen.

Wer wäre stoisch genug, den von allen Seiten auf ihn eindringenden Versuchungen zu widerstehen! Wer ließe nicht wenigstens jetzt Grundsätze Grundsätze sein und studierte nicht die schüchtern begehrenden Blicke seiner Frau, seiner Braut, selbst seiner Schwester! Ja, es ereignet sich zu dieser Zeit auch wirklich das Unerhörte, der Deutsche erinnert sich daran, daß sein Volk eine Literatur besitzt, und daß er, um sie zu unterstützen und zu heben, neben Nürnberger Lebkuchen und vergoldeten Walnüssen auch einige vaterländische Bücher einkaufen und verschenken muß.

Natürlich müssen diese Bücher zum Übrigen passen, und der Kritiker, der dem verlegenen Mann bei der Auswahl an die Hand gehen will, hat nicht sowohl die Leistungen der Autoren, als die der Kupferstecher und Buchbinder ins Auge zu fassen. Glücklicherweise hatte die Literatur auch von jeher eine Unterabteilung, deren Erzeugnisse die Produkte der Nußvergolder und der Kuchenbäcker nicht gar zu sehr an Gehalt übertrafen, und an der ihre schwerlötigen, auf das Solide versessenen Liebhaber und Freunde mit einer ebenso großen Verachtung vorübergingen, wie etwa die Schlachter an den Hammeln und Ochsen, die aus Nürnberg in zierlichen Schachteln auf den Markt gebracht werden. Wer erinnert sich nicht mit Wehmut der Taschenbücher und Almanache, die ehemals zu Weihnachten dutzendweise erschienen, und an denen der Goldschnitt, ja die Eigenschaft desselben, das Umblättern zu erschweren, meistens das Beste war! Zwar, wie sie zuerst hervortraten, waren sie, wenigstens bei uns im plumpen Deutschland, nicht ganz so harmlos und federleicht, wie später! Es gab eine Zeit, wo Lichtenberg in ihnen seine köstlichsten Aufsätze und Aphorismen niederlegte, der unsterbliche Lichtenberg, dessen Humor zu dem, was man heutzutage mit diesem Namen nennt, ungefähr so steht, wie das griechische Epigramm zu den Inschriften, mit denen unsere hoffnungsvolle Straßenjugend wohl die Wände versieht. Es gab eine andere Zeit, wo Schiller und Goethe ihre lyrische

Jahresernte in ihnen aufstapelten und dadurch für die matten Verseleien der Louise Brachmann und des Professors Conz, die freilich damals schon mit unterliefen, Ersatz boten. Der Almanach machte die nämlichen Phasen durch, die wir selbst durchmachen mußten, ehe wir vom Bärenfell zum Oberrock oder vom Oberrock zum Frack kamen. Es gab viele Stadien, ehe er bei der, durch unsere neuesten Wasserköpfe repräsentierten vollendeten Nichtigkeit anlangte, und der Weg dauerte um so länger, als es zuweilen wieder in die Höhe zu gehen schien. Doch zuletzt ging es immer weiter herunter, und das Revolutionsjahr bot einen willkommenen Vorwand, ganz abzutreten.

Was denn nun machen? Schiller und Goethe sind angeschafft, Uhland ist es ebenfalls; müßte man sich wirklich zu einem Heinrich Kleist, dessen Käthchen von Heilbronn man ja schon vom Theater her kennt, entschließen; müßte man sich vielleicht gar, denn auch dieser könnte sich, es wäre nicht durchaus unmöglich, im Bücherkasten vorfinden, zu einem Shakespeare von Gervinus oder zum Humboldtschen Kosmos bequemen? Nicht doch! So wenig, als man, wenn man den Kindern Kanonen schenken will, sie aus dem Zeughaus zu nehmen braucht! Zwar hat der Literaturmarkt bis jetzt noch kein völlig genügendes Surrogat für den eingegangenen Almanach aufzuzeigen. Man kann keine hübsche Kupfer mehr bekommen, ohne zugleich eine Dosis Geist mit in Empfang zu nehmen, aber man kann neben dem Geist doch auch die Kupfer haben und das wird hinreichend sein! v s

81.
Deutsche Literatur, du schnurrigstes Stammbuch der
Völker!
Jeder schreibt sich hinein, wie es ihm eben gefällt.

82. Es ist kaum schwerer über Musik zu schreiben wie
über lyrische Poesie, wenn man wirklich etwas feststellen
und nicht in etymologischem Becherspiel ein Unbestimm-
bares mit dem andern müßig und resultatlos vergleichen
will. Man sehe unsere Ästhetiker an, die besten nicht ausgenommen, und frage sich, ob selbst Jean Paul, der doch hell
und klar, wie kein zweiter, in den Darstellungsprozeß hin-
einschaute, hier über die Trivialität hinauskommt. Der
Grund ist einfach: man hat in der Lyrik das reine Element
vor sich, um das alle Formen sich streiten, ohne daß eine den
Sieg davonträgt, weshalb sie in der singbaren Ballade, die
zugleich episch, dramatisch und musikalisch ist, gipfelt. Im
allgemeinen hat man von jeher zwei Hauptrichtungen
unterschieden: die geistige, die bei uns durch Schiller repräsentiert wird und die man nicht so kurzweg die reflektive
nennen sollte, und die gemütliche, die Goethe vertritt.
Darin hatte man auch ganz recht, man behielt nur nicht genug im Auge, daß beide Richtungen in der Phantasie ihre
gemeinschaftliche Wurzel haben, welche die geistige allein
vor der Abstraktion und die gemütliche vor dem Sturz in
die nüchternste Prosa bewahren kann. Denn freilich, wenn
jeder Gedanke ein Gedicht oder auch nur der Keim zu
einem Gedicht wäre, so hätte Johann Jakob Wagner, der
Würzburger Philosoph, recht gehabt, als er seine Dichterschule schrieb und in ihr den Beweis lieferte, daß man jeder-

zeit aus einem scharfen Kopf ein klassischer Dichter werden könne. Und wenn jedes Juchhe und jedes Oweh, das im Wechsel der Gefühle aus dem so oder so bewegten Herzen aufsteigt, nur seine Wahrheit darzutun und etwa noch seine Entstehungsgeschichte hinzuzufügen brauchte, um für poetisch zu gelten, so wäre Vater Gleim mit großem Unrecht ausgestrichen worden, so dürften die Vogl und Genossen nie ausgestrichen werden, so müßten die Nürnberger Meistersinger alle wieder auferstehen, so gäbe es aber auch keinen Unterschied zwischen Poesie und Prosa als den Reim. Es muß eben ein schöpferischer Akt der Phantasie hinzukommen, der den allgemeinen Gedanken individualisiert und umgekehrt das subjektive Gefühl generalisiert, und die Individuen, in denen dieser Akt sich vollzieht, treten so selten hervor, daß man noch in tausend Jahren keine Überbevölkerung des Parnasses zu besorgen haben wird. Den Stadtpfeifern und Turmbläsern gegenüber, die alljährlich unsere Musenalmanache füllen, wird natürlich mit einer Definition nichts ausgerichtet, denn sie verachten sie entweder oder fühlen sich, wundersamerweise, mit ihr in Übereinstimmung. Aber wem um Einsicht zu tun ist, der gehe dem hier gegebenen Fingerzeige nach und mache auf Goethe und Schiller die Anwendung. Bei Goethe leuchtet es auf den ersten Blick ein, daß alle seine Gedichte Perspektiven mit unendlichen Spiegelungen eröffnen und sich nur darum so eng an die von ihm nicht ohne Grund hochgepriesene Gelegenheit anschließen, weil er den Standpunkt möglichst scharf fixieren muß; aber auch bei Schiller ist nicht zu verkennen, daß er den philosophischen Gehalt, der ihm allerdings immer vorschwebt, keineswegs, wie etwa Lucrez, als einen schon errungenen, bloß ausbreitet und in einen Goldrahmen faßt, sondern daß er uns sein Kämpfen um ihn und also seine Abhängigkeit von ihm in allen Stadien darstellt. So generalisiert der eine sein Besonderes und individualisiert der andere sein Allgemeines, bis sie, von ganz entgegengesetzten Enden ausgehend, in der Mitte des Weges zusammentreffen und die beiden Hälften der Menschheit innig miteinander verschmelzen. Es versteht sich von selbst, daß nur von den besten Stücken dieser Männer die Rede sein kann.

Auf Goethe und Schiller folgte manch schönes Talent, auf dessen Charakterisierung hier Verzicht geleistet werden muß. Uhland war das bedeutendste, und es war ein trauriges Zeichen, daß diese frische, kerngesunde Erscheinung, aus der das ganze mittelalterliche Deutschland lyrisch singt, wie es aus Goethes Götz dramatisch spricht, zunächst in einem Wüstenmaler den Rivalen finden, dann gar durch einen Totenvogel in den Hintergrund gedrängt werden konnte. Aber welche Riesen sind wieder Freiligrath und Lenau, die doch neben Uhland kaum sichtbar bleiben, gegen ihre Nachfolger! Nicht, als ob nicht hie und da noch eine respektable Natur mit markigen Gaben hervorgetreten wäre, aber sie wurde kalt beiseite geschoben oder höchstens so begrüßt, wie der Arzt von den Kindern, der ihnen einen Blutreinigungstee auf den Tisch setzt. Und was sich geltend machte, was gesungen und wieder gesungen wurde, das war meistens der Art, daß man im Gedanken ans Ausland mit Scham und völligem Stillschweigen darüber hinweggehen muß. Jetzt scheint ein Wendepunkt nahe zu sein, denn an allen Ecken und Enden erheben sich nachdrucksvolle Stimmen gegen die in aufgedunsenen Versen vorgetragene gleißnerische Frömmelei und die nebenher tänzelnde läppische Minnesängerei, die sich gern als allein berechtigt hinstellen möchten und die nicht einmal neben anderem zu existieren verdienen, da sie hohl und leer sind. Es dürften bald wieder einige Stelzen brechen, und daher ist es doppelt erfreulich, daß auch wieder Dichter erscheinen, die den Ton der Wahrheit und der Männlichkeit anstimmen, ohne darum weniger religiös zu sein oder sich zarteren Gemüts- und Seelenregungen unzugänglich zu zeigen. VS

83. Jedes Volk hat sein Lied und hält den ursprünglichen Ton fest, bis er verstummt. So hat auch unsere deutsche Lyrik, wie lianenhaft üppig und bunt sie sich auch durch die Jahrhunderte hinschlingen mag, sich in ihren Elementen nie verändert. Gleich weit entfernt von englischer Schwerfälligkeit wie von französischer Leichtfertigkeit und italienischer Spitzfindigkeit, war sie von jeher das Produkt einer naiven Hingebung an die Dinge und einer etwas nüchternen Reflexion über sie. Unsere Dichter zerfallen nach dem Übrigen des einen oder des andern dieser Elemente in zwei getrennte Familien, die jedoch den gemeinschaftlichen Grundstamm keinen Augenblick verleugnen können. In Goethes Poesie der süßesten Unmittelbarkeit mischen sich, wie oft schon bemerkt und nicht selten sogar getadelt wurde, die härtesten realistischen Züge; um für den Himmel, dessen Seligkeit er mit einer Engelszunge verkünden will, Glauben zu finden, stößt er die Leiter, mittelst deren er ihn erklomm, nicht zurück, sondern zieht sie nach und

zählt uns ihre Sprossen vor. Umgekehrt weiß Schiller für die kühnsten Flüge seiner Spekulation noch immer das menschliche Gemüt zu erwärmen und ihm ein Gefühl einzuflößen, als ob es sich in den goldenen Wolken, zwischen denen er wonnetrunken und der Erde vergessend wandelt, auch säen und ernten ließe; er gewinnt sein Ideal durch die Verklärung des natürlichen Zustandes, nicht durch die unfruchtbare Nihilierung desselben, und gelangt zur Verklärung durch simples Zurückgehen aufs Gesetz, in welchem Sollen und Können denn doch zuletzt auch zusammenfallen. Diese wunderbare Mischung des Allgemeinen und des Besondern, die das eine beständig zur Probe des andern macht und die Blutbildung vielleicht um ihr brennendstes Inkarnat bringt, sie dafür aber auch vor der Verwässerung schützt, ist freilich zunächst ein Resultat unserer tiefsinnigen Sprache. Denn diese will, wie kaum eine zweite, überall das Werden veranschaulichen, sie knüpft unermüdlich und unablässig Blüte und Wurzel zusammen und muß darum auch die Übergänge und die Bedingungen, unter denen sie allein zustande kommen, unverrückt im Gesicht behalten. Aber die Sprache ist, um weiter zurückzugreifen, ja auch eben der erste und unverfälschteste Ausdruck der Nationalität und kann nichts abspiegeln, was nicht in ihr liegt.

Jedes Volk hat sein Lied und hält den ursprünglichen Ton fest; allein jede Zeit variiert ihn auf eine eigentümliche, ihren Bedürfnissen entsprechende Weise. Der deutsche Singvogel wird immer ein Blatt des Baums mit in die Höhe nehmen, von dem er sich aufschwingt; aber heute ist es die Eiche des Donnergottes, und morgen ist es Holdas Linde, auf der er sitzt. Anders klingt ein Schlachtgesang und

anders ein Kirchenchoral, oder ein weicher Empfindungs-
laut der Liebe, wenn auch alle drei durch das ihnen gemein-
same Wechselspiel von Naivität und Reflexion eng miteinander verwandt sind. Ob es aus Dur oder aus Moll geht, das
hängt von den geschichtlichen Erregungen der Nation, ja
zum guten Teil, bei der innigen Verbindung aller Kultur-
völker untereinander, von der Stimmung der Welt ab. Dies
muß man vor allem beachten, wenn man unsere Lyrik und
unsere Poesie überhaupt in ihrer Weiterentwicklung begreifen und gerecht gegen sie sein will. Man kann in
Deutschland nicht länger Veilchen begießen oder sich in
den farbigen Schmelz des Schmetterlingsflügels vertiefen,
während man in Frankreich und England den Gesell-
schaftsvertrag untersucht und an allen Fundamenten des
Staats und der Kirche rüttelt. Das ängstliche Gefühl, das
sich an eine solche Untersuchung knüpft, die wenigstens
scheinbare Unsicherheit aller Zustände, die daraus hervorgeht, verbreitet sich in raschen Schwingungen über ganz
Europa und erstickt, wie die unheimlichen Zuckungen des
Erdbebens, zunächst die fröhlichen Stimmen, die aus kind-
licher Brust in Dank und Jubel zum Festgelage des Lebens
erschallen, macht sich dann aber selbst Luft. Das sind Zeiten, in denen Hamlet seine Auferstehung in irgend einer
neuen Gestalt zu feiern pflegt, und er läßt selten lange auf
sich warten.

Lord Byron ist der Hamlet des Jahrhunderts. Keiner hat
es in der Kunst, an der Sonne nur die Flecken zu sehen und
in der Erde nur das Gewürm und die wüsten Totengebeine
zu erblicken, vor den belebenden Strahlen aber, die von
oben kommen, sowie vor dem frischen Grün, das sie unten

erwecken, fest und dicht die Augen zu verschließen, so weit gebracht wie er. Für mich steht er in der englischen Literatur nicht einsam da. Er ist der letzte, aber freilich unendlich gesteigerte Ausläufer der Marlowe, Green, Webster usw., wie auf der entgegengesetzten Seite sein Zeitgenosse Walter Scott in seiner heitern, unversieglichen Lebensfülle ein letzter Schößling des Shakespeare, und er kann in dem Sinn sogar für einen Nationaltypus gelten, als gerade der Engländer, wie so viele wunderliche Selbstmorde und verwandte Erscheinungen beweisen, trotz der allgemeinen Gesundheit des Stammes, zu einer Art von Hypochondrie geneigt ist, die von den sonst bekannten Formen dieser Krankheit so ganz und gar abweicht, daß er sich genötigt sah, einen aparten Namen dafür zu erfinden. Ich bin auch weit davon entfernt, dem Byronschen Weltschmerz, obgleich ich ihn zum Teil auf den Nationalspleen zurückführen zu müssen glaube, die subjektive Wahrheit abzusprechen, oder gar ihn lieblos zu bespötteln. Töne, wie sie ihm zu Gebote standen, werden nicht erheuchelt, und es ist ein sehr wirkliches, ein sehr handgreifliches Unglück, wenn ein Mensch Licht und Luft anders verlangt, als sie nun einmal sind; es ist eben so schlimm, als wenn er das »Übel« oder die Wasserscheu bekäme, und das Widerwärtige und Veräcbtliche stellt sich erst mit den Nachäffern ein, mit den Leutchen, die, innerlich seelenvergnügt, daß der Frühling sein grünes Kleid nicht abwirft, ihm bloß darum ein rotes wünschen, weil der geniale Brite es ihm gewünscht hat. Ich lasse es ebenfalls ununtersucht, ob sein Zustand aus dem Mangel an Selbstregime hervorging, wie es allerdings scheinen könnte, oder ob dieser Mangel an Selbstregime nicht viel mehr selbst schon das Produkt einer fehlerhaften Organisation war. Aber Shakespeare würde in seiner berühmtesten Tragödie ein schlechtes Stück geliefert haben, wenn er Hamlet das letzte Wort darin gelassen hätte, und um die Welt wird es immer bedenklich stehen, wenn Hamlet mitsprechen darf. Darum war die maß- und grenzenlose Schwärmerei für Byron, obgleich keineswegs unumgänglich, sondern aus den Verhältnissen gar wohl zu erklären, ein höchst wichtiges pathologisches Zeichen.

Das in allen seinen Tiefen aufgeregte Europa machte in dieser Schwärmerei eigentlich dasselbe Hamlet-Fieber durch, welches Deutschland in den siebziger Jahren geschüttelt und das sich im Werther entladen hatte. Wir unsererseits wurden nicht mehr so stark davon berührt, weil es eben nur noch als Rezidiv auftrat. Bitterer Ernst wurde der Weltschmerz diesmal nur in Nikolaus Lenau, und er fiel denn auch als Opfer seiner traurigen Verwechslung der Lupe, die denn doch nur in einzelnen Momenten zur Hand genommen sein will, weil sie das Detail auf Kosten des Ganzen hervorhebt und keinen freien Überblick gestattet, mit dem Auge, das die wohltätige Natur dem Menschen mit auf den Weg gegeben hat. Bei unserem Heinrich Heine dagegen, der sich eine gute Weile als Konduktführer und Leichenmarschall des jüngsten Tages gebärdete, ging der »große Riß«, über den er jammerte, nicht einmal durch die Weste, geschweige durch das Herz; er brauchte so wenig den Schneider als den Chirurgen zu bemühen und er zeigte auch bald genug durch die Grimassen, die er schnitt, wie es mit dem schwarzen Frack und mit den Trauerflören am Hut und Arm gemeint gewesen war. Aber eben weil der

Ernst fehlte, war unsere Weltschmerzperiode eine der widerlichsten unserer ganzen Literaturgeschichte und verdient im vollsten Maß die Züchtigung, die ihr seitdem zuteil geworden ist. Dennoch blieb sie nicht ohne Frucht, sie hatte doch den Gesichtskreis erweitert und den Blick geschärft, und man fand nach und nach den Übergang vom Abstrakten zum Konkreten, von den Sonnenflecken, die uns nicht kümmern, zu den Spinnwebsfäden, die uns die Fenster verdunkeln. Dies war das entschiedene, vielleicht noch nicht genug gewürdigte Verdienst unserer politischen Dichterschule, vor allem aber Franz Dingelstedts, der ihr durch seinen »Nachtwächter« erst die poetische Weihe gab. Aber es ist charakteristisch an ihm, daß er oft und zu oft an den Nachtwandler erinnert, der sich selbst anruft und deshalb, trotz des schönsten Mondscheins, Gefahr läuft, vom Dach zu stürzen. Doch auch das hat seinen tieferen Grund in der ihm an- und eingeborenen Richtung auf das Moderne. Eine Welt, die noch selbst nicht weiß, ob und wie weit sie an sich glauben darf, kann auch keinen Dichter erzeugen, der den Glauben nicht zuweilen verlöre. v s

84. Es ist ein schlimmes Zeichen, wenn die lyrische Poesie sich selbst besingt, wenn sie über die Würde des Sängertums in Verzückung gerät, wenn sie die Wunder, die sie schon verrichtet hat, nicht zu vergessen vermag; sie ist dann am weitesten davon entfernt, neue Wunder zu wirken. Kann denn der Dichter die Harfe rühren, solange er anbetend vor ihr auf den Knien liegt? Ist ein Gefühl, das keinen Gegenstand hat als sich selbst, nicht eine unsinnige Heuchelei? Ja, gibt es auch nur Gedanken, die sich selbst denken? v s

85. Ob es wohl erlaubt ist, an die lyrischen Gedichte einer Frau Ansprüche zu machen? Ich wage nicht, hierauf mit Ja zu antworten. Höchstens darf man verlangen, daß die Gedichte, die sie im Inhaltsverzeichnis verspricht, wirklich im Buch stehen. Sappho ist berühmt durch ihren Sprung ins Wasser; ihre Gedichte sind verloren gegangen und verdanken vielleicht nur diesem Umstand ihre Unsterblichkeit. Geistvolle Romane, zarte Erzählungen, kecke Raisonnements, alles dieses und mehr haben Frauen gebracht; keine einzige hat sich in der Lyrik ausgezeichnet. Bettina, die ein so genial-individuelles Gefühlsleben lebte, schrieb Briefe. Und diese Erscheinung ist entscheidend. Der Brief ist die Form, worin das weibliche Gemüt sich aussprechen soll. Der Brief läßt bei aller Tiefe eine gewisse Breite zu, die sich mit dem lyrischen Gedicht durchaus nicht verträgt, die aber dem Weibe, welches das Ziel oft nur darum nicht erreicht, weil es den Weg nicht hinter sich liegen lassen mag, notwendig zu sein scheint. v s

86. Wie es nach Böttigers in diesem Punkt glaubwürdigen Memoiren in Weimar eine Periode gab, wo jeder aus Deutschland eintreffende Vagabund, der seine Liederlichkeit durch einen abgetragenen Rock und durch zerrissene Stiefel dokumentieren konnte, sich für ein Genie ausgeben zu dürfen glaubte, so bildet sich jetzt jeder mittelmäßige Kopf ein, er brauche nur schlechte, d. h. holprige Verse zu machen, und eine aller Logik ermangelnde, dafür aber freilich blumen- und phrasenreiche Prosa zu schreiben, um seine Genialität außer Zweifel zu setzen. Man möchte Nicolai und Gottsched mit ihrem reinlichen und *ehrlichen*

Stil, der die Geistesarmut doch wenigstens nicht durch einen künstlich erzeugten Nebel zu verhüllen sucht, zurückrufen, wenn man den Gallimathias, der sich den modernen nennt, verdauen soll. Wir haben jetzt mehr als ein Schock Poeten, deren ganze sogenannte Poesie auf ihrem Denkunvermögen beruht, auf ihrer Unfähigkeit, den Gedanken aus der rohen Schale der Vorstellung herauszulösen, und aus der daraus für sie entspringenden Notwendigkeit, sich verworren und schief auszudrücken; es gibt vielleicht kein drohenderes Zeichen der einbrechenden Barbarei, als darin liegt, daß einige von diesen sich wirklich eine Art von Zelebrität erworben haben. Was noch nicht einmal Gedanke geworden, was Vorstellung geblieben ist, gilt für Anschauung, als ob niemand mehr eine Ahnung davon hätte, daß die Anschauung den Gedanken und die Vorstellung zugleich umfaßt und nur darum schwerer ins Gewicht fällt, als beide einzeln für sich, und dennoch zieht man nicht die sich so ganz von selbst ergebende Konsequenz, dennoch setzt man den Kindern keine Lorbeerkronen auf, die doch auf diesem Standpunkt als die ersten Poeten der Welt erscheinen müssen, als die wahren Repräsentanten der Naivität, die das logische Gesetz in sich nicht einmal erst abzutun brauchen, weil sie es noch gar nicht kennen. v s

87. Demjenigen, welcher der Literatur und der Kunst eine mehr als oberflächliche Aufmerksamkeit zuwendet, kann es nicht entgangen sein, daß jetzt in allen Gebieten das Genre eine ganz unverhältnismäßige Rolle spielt. Es wird nicht allein an sich in seinen sämtlichen zahllosen Spielarten auf das sorgfältigste gehegt und gepflegt, es greift auch mehr

und mehr aus dem ihm angewiesenen Kreise in die höheren Sphären hinüber, indem die idealen Formen in seinem Sinne behandelt und dadurch zerstört, wenigstens verrückt und verunstaltet werden. Es wimmelt z. B. auf unseren Gemäldeausstellungen nicht bloß an allen Ecken und Enden von spielenden Kindern und säugenden Müttern, sondern auch das historische Bild nimmt Zwitterelemente in sich auf, die es scheinbar dem Gemüt näher führen, es in demselben Grade aber auch dem Geist entfremden und es im Grunde vernichten.

Die Erscheinung ist an und für sich keineswegs unnatürlich oder unerklärbar. Die Kunst drängt nach ihrem ewigen Entwicklungsprinzip zunächst unaufhaltsam zur Spitze und verweilt auf den untergeordneten Stufen nicht länger, als sie durchaus muß, um ihre Kräfte zu erproben und auszubilden. Wenn sie aber auf der Höhe angelangt ist, steht sie ebensowenig still, um fort und fort Universalschöpfungen zu produzieren oder, wie Gott der Herr nach der Hervorbringung des Menschen, zu feiern, sondern sie mißt den ganzen Weg zurück und vertieft sich, in treuem Ernst nachholend, was sie in der ersten Begeisterung übersprang, bei jedem Schritt inniger ins Detail. So entspringt das Genre und mit ihm die einzige Quelle ästhetischen Genusses für alle diejenigen, die nicht imstande sind, ein Ganzes aufzufassen und in sich aufzunehmen, wohl aber, sich am Einzelnen zu erfreuen.

Das ist nun kein Unglück, im Gegenteil, es wird auf diese Weise wirklich eine neue Seite der Welt erschlossen, in die sich auch der noch mit Vergnügen einlebt, der über dem Moos, trotz seiner Zierlichkeit, den Eichbaum nicht vergißt, auf dem es wächst, und über dem Eichbaum nicht den Wald, zu dem er gehört. Schlimm ist nur, daß die Grenze leicht überschritten und das Maß verrückt wird, und das geschieht immer, früher oder später. Weil das Moos sich viel ansehnlicher ausnimmt, wenn der Maler sich um den Baum nicht bekümmert, und der Baum ganz anders hervortritt, wenn der Wald verschwindet, so entsteht ein allgemeiner Jubel, und Kräfte, die eben für das Kleinleben der Natur ausreichen und sich auch instinktiv die Aufgabe nicht höher stellen, werden weit über andere erhoben, die den Mükkentanz schon darum nicht schildern, weil er neben dem Planetentanz gar nicht sichtbar ist. Da fängt das »Nebenbei« überall an zu florieren; der Kot auf Napoleons Stiefeln wird, wenn es sich um den großen Abdikationsmoment des Helden handelt, ebenso ängstlich treu gemalt, wie der Seelenkampf auf seinem Gesicht; dem Jambus der Tragödie wird es als eine positive Tat angerechnet, wenn er den Hiatus zu vermeiden weiß, und die Wucht des Gedankens wird ihm dafür erlassen; die Statue buhlt mit der Nipsfigur um ihre Reize und unterscheidet sich zuletzt nur noch durch die Dimensionen von ihr usw. Kurz, das Komma zieht den Frack an und lächelt stolz und selbstgefällig auf den Satz herab, dem es doch allein seine Existenz verdankt.

Dem Maler, der die perspektivischen Gesetze beobachtet und Vordergrund und Hintergrund durch Zeichnung und Kolorit gehörig auseinanderhält, wird nicht vorgeworfen, daß ihm bei den Figuren, die nicht in greller Beleuchtung dastehen, die Linien mißraten und die Farben ausgegangen seien; aber der Dichter, der nicht im Genre steckenbleibt, muß diesen Vorwurf alle Tage hören. Darum stürzen sich auch alle mittleren Talente Hals über Kopf in das Genre hinein und die großen müssen ihren mühevollen Weg einsam fortsetzen und werden um die rasche Wirkung gebracht. Als Immermann die Dorfgeschichte durch seinen Hofschulzen wieder ins Leben rief, fand er noch nötig, seinem markigen westphälischen Idyll ein allgemeines Weltgemälde gegenüberzustellen, das freilich in den forcierten komischen Partien nicht besonders gelungen war, das aber doch den Blick ins Weite und Freie offen ließ. Seine nächsten und bedeutendsten Nachfolger schlossen die Fenster schon zu und waren auf den erstickenden Brodem, der sich bei dem Mangel an Luftzug nun in ihren Bauernstuben entwickeln mußte, nicht wenig stolz. Sie hielten aber doch wenigstens noch den Menschen fest, wenn auch nur auf höchst untergeordneter Stufe, und der hervorragendste von ihnen, Jeremias Gotthelf, knüpfte immer, wenn auch nicht an Ideen, so doch an didaktische Gesichtspunkte an, um der Stagnation vorzubeugen. Erst dem Mann der ewigen Studien, dem behäbigen Adalbert Stifter, war es vorbehalten, den Menschen ganz aus dem Auge zu verlieren, und in diesem vollzog sich denn auch die Selbstaufhebung der ganzen Richtung, die in seinem »Nachsommer« entschieden den letzten denkbaren Schritt getan hat. Es ist aber durchaus kein Zufall, daß ein Stifter kam und daß dieser Stifter einen »Nachsommer« schrieb, bei dem er offenbar Adam und Eva als Leser voraussetzte, weil nur diese mit den Dingen unbekannt sein können, die er breit und weitläufig beschreibt. Darin liegt Folgerichtigkeit nach beiden Seiten. Das ausartende Genre reißt sich mehr und mehr vom alles bedingenden, aber auch alles zusammenhaltenden Zentrum los und zerfällt in demselben Moment in sich selbst, wo es sich ganz befreit zu haben glaubt. Und das überschätzte Diminutivtalent kommt eben so natürlich vom Aufdröseln der Form zum Zerbröckeln und Zerkrümeln der Materie, schließt damit aber auch den ganzen Kreis vollständig ab. v s

88.
Wißt ihr, warum euch die Käfer, die Butterblumen so
glücken?
Weil ihr die Menschen nicht kennt, weil ihr die Sterne
nicht seht!
Schautet ihr tief in die Herzen, wie könntet ihr schwärmen
für Käfer?
Säht ihr das Sonnensystem, sagt doch, was wär' euch ein
Strauß?
Aber das mußte so sein, damit ihr das Kleine vortrefflich
Liefertet, hat die Natur klug euch das Große entrückt.

89. Die wirkliche Sprache des Helden hat im Roman und überhaupt in der Dichtung nicht mehr zu tun, wie sein wirklicher Stiefel im Gemälde. Das ganz ordinäre Natürlichkeitsprinzip mag dabei seine Rechnung finden; dem wäre ja gewiß auch mit einem einbalsamierten und obendrein geschminkten Leichnam mehr gedient, wie mit einer ikonischen Bildsäule. Allein dieses Prinzip steht im entschiedensten Widerspruch mit der Kunst und muß völlig überwunden sein, ehe von Kunst überhaupt nur die Rede sein kann. Wo es sich um ein Kunstwerk handelt, sind alle Mittel der Art von vorneherein ausgeschlossen; sie gehen

auf eine ganz andere Wirkung aus, als das Kunstwerk im Auge haben soll, und es ist gleichgültig, ob auf eine stärkere oder auf eine schwächere. v s

90.
Freunde, ihr wollt die Natur nachahmend erreichen?
O Torheit!
Kommt ihr nicht über sie weg, bleibt ihr auch unter ihr
steh'n.

91. Jedes Gleichnis erheischt einen Stillstand des Gedankens, und diesen lassen wir uns nicht überall, und noch weniger aus jedem Grunde gefallen. Wenn unser Geist schon in die größte Tätigkeit versetzt ist, wenn er ungeduldig ans Ziel zu kommen wünscht und dieses Ziel bereits ahnt oder gar sieht: wie sollte ihm noch ein willkürlicher Aufenthalt zugemutet werden können, wie sollte man ihm Aufmerksamkeit für diese oder jene Schönheit des Wegs, die den Spaziergänger vielleicht entzückt, den Läufer aber nicht kümmert, abdringen dürfen? Hier ist daher jedes Gleichnis von Übel, es sei an und für sich, was es sei. Wenn wir aber auch noch zum Stillstehen geneigt sind, so wollen wir es doch in jedem Fall bezahlt erhalten; wenn sich der rechte Ort für ein Gleichnis findet, so kommt alles darauf an, daß sich auch das rechte Gleichnis einstelle, und es ist ungleich besser, eine Lücke zu lassen, die niemand bemerkt, als sie ungeschickt auszufüllen. Ein rechtes Gleichnis ist aber nur ein solches, das nicht bloß im verwandtschaftlichen Verhältnis zum Gegenstand steht, das also nicht, wie es z. B. Klopstock zu tun liebte, Sinnliches und Übersinnliches

unvermittelt zusammenknüpft, sondern das auch einen
Reichtum von Nebenbeziehungen enthält, in die der rasch
vorübereilende Gedanke sich nicht vertiefen konnte.
Gleichnisse, die nichts tun, als daß sie das einmal Gesagte
noch in der Bildersprache wiederholen, sind völlig unfruchtbar und darum durchaus verwerflich; es ist ein
Beweis mehr von der Nichtigkeit unsrer gewöhnlichen
ästhetischen Kritik, daß sie nach der Neuheit und Ur-
sprünglichkeit der Anschauungen bei Dichtungen kaum
noch zu fragen pflegt, sondern ihren Kranz der abgetragen-
sten Phrase, der gehaltlosesten Konsequenz einer verjähr-
ten oder einer fremden Idee, unter Posaunenstößen auf-
drückt, wenn sie nur in neuem Flitterstaat einherstolziert,
und daß sie die Keuschheit des echten Dichters, der das
Nackte schon aus Einsicht in die Vergänglichkeit alles
Putzes vorzieht, gar nicht mehr versteht.   T

92.
Setzt ihr aus Spiegeln den Spiegel zusammen? Warum denn
                                                aus Bildern
Eure Gedichte? An sich ist ein Gedicht ja ein Bild!

93.   Wir Menschen sind des Grauens und der Ahnung nun
einmal fähig; es ist dem Dichter daher gewiß erlaubt, sich
auch solcher Motive zu bedienen, die er nur diesen trüben
Regionen abgewinnen kann. Aber, zweierlei muß man beobachten. Er darf hier, erstlich, weniger wie jemals ins rein
Willkürliche verfallen, denn dann wird er abgeschmackt.
Dies vermeidet er dadurch, daß er auf die Stimme des Volks
und der Sage horcht und nur aus denjenigen Elementen

bildet, welche sie, die der Natur alles wirklich Schauerliche längst ablauschten, geheiligt haben. Er muß sich zweitens hüten, solche Phantasiegebilde zu erschaffen, die nur einen einzelnen Menschen, etwa den, welchen er, um sie nur überall in Tätigkeit zu setzen, in seinem Gedicht damit in Verbindung bringt, etwas angehen. Nur *die* Gestalt flößt Grauen ein, die mich selbst irgendwo verfolgen kann; nur den gespenstischen Kreis fürchte ich, vor dessen Wirbel ich nicht gesichert bin. T

94. Das Publikum ist leider noch immer geneigt, den Vers an sich schon als eine Leistung zu betrachten und sich in gebundener Rede Dinge gefallen zu lassen, welche es mit Entrüstung abweisen würde, wenn der Poet sie ihm in schlichter Prosa vortragen wollte. Man frage sich z. B., ob eine Handlung, wie sie dem in 10 oder 20 Auflagen verbreiteten Amaranth zugrunde liegt, in dem nachsichtigsten aller Sterblichen wohl einen geduldigen Zuhörer fände, während vielleicht ein Kosakenhetman sein Roß anhielte, wenn er im Vorüberbrausen auch nur einen einzigen Zug von dem Kampf zwischen Hektor und Achill oder dem zwischen Hagen und Siegfried auffinge, um alles zu hören. Denn Homer vergißt über den Ida und die schönen Aussichten, die der Berg darbietet, nicht den Jupiter-Ammon, der darauf sitzt, und der Dichter der Nibelungen über die gestickten Hofkleider nicht die Helden, die sie tragen sollen. Die ephemeren Epiker, von denen hier die Rede ist, kommen aber »vom Buchsbaumlöffel mit dem Pflaumenmus« kaum zur Hand, die ihn zum Munde führen soll, und dennoch verlangt das Epos eben darum, weil es auf der

einen Seite die Welt in ihrer ganzen erdrückenden Breite entfaltet, um so unerbittlicher auf der andern, daß der Mensch sich mächtig von ihr abhebt.　v s

95. Ich glaube, wir Dichter in deutscher Sprache sollen nicht sowohl nach positivem Wohlklang zu streben, als den Mißklang nach Kräften zu vermeiden suchen. Sie ist keine klingende, und wir können sie nicht dazu machen, wenigstens nicht, ohne sie ihres ersten Vorzugs, den Gedanken in allen seinen Gliederungen vollständiger wie irgend eine andere der neueren auszudrücken, zu berauben. Aber sie ist auch keine schnarrende, und man kann sie sehr leicht davor bewahren, daß sie unangenehm ins Ohr fällt. Es ist ein anderes, ob man nur ihre musikalischen Wörter gebrauchen, d. h. neun Zehnteile ihres unermeßlichen Zeichenschatzes ungebraucht lassen will, und ein anderes, ob man die geradezu unmusikalischen und barbarischen beiseite legt und, namentlich im Vers, eine gar zu unmelodische Anhäufung klangloser Konsonanten zu umgehen sich bemüht. Musik kann sie nicht werden, selbst unter der Hand des Meisters nicht, aber das Gegenteil von Musik wird sie nur dann sein, wenn ein Pfuscher sich an ihr abquält.　t

96.
Wo die Natur den Ton verleiht, da versagt sie die Farbe,
　Wo sie die Farbe gewährt, weigert sie immer den Ton.
Denkt der Nachtigall und denkt des Flamingo, so seht ihr's;
　Aber das gleiche Gesetz waltet im Reiche der Kunst.

97. In die größte Verlegenheit gerät ein gebildeter Mann, wenn er befragt wird, ob er Dinge kenne, die er, eben als solcher, nicht kennen noch kennen lernen kann, z. B. Schriften, die für Primaner und solche, die es ewig bleiben sollen, geschrieben sind, Maler, die für die Blinden malen, Komponisten, die für die Tauben setzen und Dichter, die ihnen gleichen. Leute, die ihm diese Verlegenheit durch ihre naiven Fragen bereiten, wird er nie zufriedenstellen, wenn er ihnen sagt, daß der Mensch sich nur darum um Bildung bemüht, um manche Dinge ohne Umstände von sich abweisen zu können; sie werden, und wenn er ihnen bis zur Überzeugung dartut, daß der Köter, den sie ihm als einen Löwen angepriesen haben, auf Hundepfoten daher geht, ihn inquirieren, ob er ihn denn auch bellen hörte, und wenn, ob denn nicht wenigstens die Mähne eine königliche sei. Wie oft, wenn ich von einem miserablen Poeten sprach, wurde ich unterbrochen: aber, kennen Sie dies von ihm? und wenn ich die Frage zufällig bejahen und also auch das Machwerk mit wenigen Worten vernichten konnte, so folgte gewiß die zweite: aber kennen Sie auch das?, und das so lange fort, bis ich endlich nein sagen mußte. Die Leute sehen es nicht ein, daß, wenn man den Stein allerdings erst mit seinem eigenen Stahl prüfen soll, ehe man über die Zahl und die Stärke seiner Funken urteilt, man doch das gute Recht hat, zuvor den Stein selbst bei dem allgemeinen Sonnenlicht zu untersuchen, ob er überhaupt Feuer enthält.　т

98.　Die Literatur macht sich seit einiger Zeit gern selbst zum Gegenstand der Betrachtung. Ein Spiegel soll nun zwar nicht sich selbst sehen wollen, und ein Held soll den

Degen nicht einstecken, um einen Hymnus auf sich zu dichten. Aber es gibt Zeiten des Kampfes und Zeiten der Ruhe; auf die Donner der Schlacht folgt das Umackern und Besäen des Schlachtfeldes. So gibt es auch in der Literatur Perioden der Produktion, die kühn vordrängt und ihre Schritte nicht abmißt, und Perioden der Kritik. Eine Mutter gebiert ihr Kind und weiß selbst nicht, was sie geboren hat. Das Leben bemächtigt sich ihrer Geburt und macht daraus, was es kann oder will.

Wir wollen nur zugeben, daß wir so lange stillstehen, als wir uns nach dem zurückgelegten Wege umschauen; wir wollen aber dennoch keinen Anstand nehmen, dies einmal zu tun. Aus dem, was hinter uns liegt, läßt sich am sichersten schließen auf das, was vor uns liegt. Das letzte Ziel ist und bleibt freilich ein Geheimnis, und es ist sogar möglich, daß die Reise um die Welt des Geistes keinen anderen Ausgangspunkt hat, als die sichtbare Welt, daß wir uns über kurz oder lang plötzlich wieder am Ort finden, von wo wir ausgingen, und dies vielleicht zu einer Zeit, wo wir mit vollen Segeln in die Bucht von Utopien einzulaufen wähnen. Das Leben bewegt sich immer in Kreisen, die Kreisform aber, auch die engste, trägt das Gepräge der Unendlichkeit.

Es ist ein gewöhnlicher Irrtum und ein solcher, der fast die ganze Literatur ausfüllt, daß man sich leicht verführen läßt, das Wirtshaus, wo man einkehrt, für das Ende des Wegs zu halten. Man findet da guten Wein und erquickende Speisen, man sieht, daß dort so mancher sein Gepäck ab-wirft und sich hinter den Ofen setzt; es ist so angenehm, sich im Gefühl der überstandenen Mühseligkeiten zu Bett zu legen und von einem zuvorkommenden Traum den Siegespreis zu erlangen. Aber welch ein Unglück, daß die Ruhe nichts ist, als der geschminkte Tod!

Die Anfänge der Literatur sind nie individuell und können es nicht sein. Allen gehört zuerst, was später Besitztum des Einzelnen wird. Es scheint, als ob das allgemeine Vermögen, das sich eine Zeitlang sowohl im Denken und Empfinden, wie im Formen und Gestalten äußert und Mythologien und Sagenkreise erzeugt, sich blöde zurückzieht, sobald die erste begabte Individualität aufgeht und in den so ihr bestimmten Kreis eintritt. Dann regt es sich nur noch passiv im Aufnehmen und Zurückweisen und wird so als unverfälschbarer Ausdruck des Bedürfnisses zum höchsten Kriterium des Dargebotenen.

Die deutsche Literatur war seit der Zeit, da sie sich etabliert hat, schon mancherlei. In ihrer ersten Periode war sie für die Gelehrten nichts weiter, als eine Gelegenheit, ihre Lektion aufzusagen, für die Poeten aber Golgatha und Pranger zugleich. Später wurde sie eine Ruhmintrade, eine Kanzlei, wo man die Diplome der Unsterblichkeit ausstellte. Jetzt ist sie eine Börse. Hiermit sind ihre verschiedenen Phasen freilich nur auf negative Weise bezeichnet. Aber aus den Krankheiten, die er überstand, zieht man die besten Schlüsse über die Beschaffenheit des Körpers.

Urteile zu fällen ist hauptsächlich deshalb so bedenklich, weil das Urteil sehr oft der Sache erst die Form gibt, und weil eine einmal vorhandene Form nicht leicht wieder zerbrochen wird. Darum sollte man sich billig über den gegenwärtigen Zustand der deutschen Literatur alles Urteils enthalten und den Zeitpunkt abwarten, wo die Verwirrung sich löst. Ein anderes aber ist das Urteil, ein anderes eine übersichtliche Betrachtung.

Ich glaube behaupten zu dürfen, daß in der gegenwärtigen Literaturepoche die kritischen Kräfte den produzierenden bei weitem überlegen sind. Dies ist an und für sich kein Unglück, denn die Kritik in würdiger Erscheinung ist wieder Produktion. Aber es ist ein Unglück, daß die Kritik, ihr zufälliges Übergewicht mißbrauchend, auf die eigentliche Produktion einen prädestinierenden Einfluß auszuüben strebt, der ihr nicht zukommt. Es ist ungefähr ebenso, als wenn die Polizei die Hochzeitsnächte dirigieren wollte, um dem Staat tüchtige Soldaten zu verschaffen. Scheidewasser ist kein Blut.

Auf die Tat folgt der Gedanke, nicht umgekehrt. Die Tat ist der Stoff, an dem der Gedanke sich versucht. Von der Tat—auch die geistige der Kunst ist eine—fordern, daß sie sich dem Gedanken bequeme, daß sie sich zur Verkürzung eines seiner Sprünge hergeben soll, heißt sie, wenn nicht vernichten, so doch heillos verkürzen. Einen Stuhl kann man sich bestellen, keinen Baum, obwohl aus dem Baum einer zurecht gezimmert werden kann. Die Natur war noch niemals so artig, nach einem ihr vorgelegten gelehrten Modell neue, korrigierte Geschöpfe auszuführen, sie macht die Adler und die Nachtigallen noch so, wie sie sie vor Jahrtausenden machte. Auch die Kunst wird ihre Würde zu behaupten wissen und sich nicht zum Papagei der Spekulation, die zuweilen nicht einmal Spekulation ist, erniedrigen lassen.

Unsere Zeit ist gar nicht eitel, aber sie hält sich doch für das Faß Pulver, das bestimmt ist, das Felsenfundament, worauf die ganze sittliche und religiöse Welt ruht, in die

Luft zu sprengen. Ob sie sich hierin täuscht oder nicht, und ob sie wirklich, wie sie sich einbildet, von Ideen oder von ein paar mißverstandenen Individualitäten, die ebenso abnorm als groß sind, regiert wird, will ich hier nicht untersuchen. Nur dies will ich rügen, daß sie jetzt sonderbarerweise die Gestaltung dieser Ideen von der Kunst, statt, wie sonst, vom Leben verlangt. Die Kunst ist keine Hebamme.

Man wird mich nicht so mißverstehen, als ob ich die Kunst von der Zeit und dem, was sie bewegt, losreißen wolle. Dies kann schon deshalb nicht meine Absicht sein, weil es unmöglich wäre. Die Zeit prägt jedem ihrer Erzeugnisse ihr Monogramm auf; im schlimmen Fall als Stigma, im guten als Glorienstrahl. Aber eben weil dies immer geschieht, braucht es nicht förmlich zum Zweck erhoben zu werden.

Der Gott, vor dem man, wenn er erscheint, nicht sogleich anbetend auf die Knie stürzt, ist ein Dieb, der Jupiters Schlafrock stahl und den Donnerkeil vergaß. Die Sonne, die ihren Feind vernichten will, hat nichts zu tun, als – ihn zu beleuchten, und das macht ihr nicht einmal Mühe, denn es ist ihre Natur. Die Sonne trat zum erstenmale schüchtern hervor und erblickte die Finsternis; da zitterte sie sehr. Sie wandelte den Himmelsbogen völlig hinauf, da war die Finsternis verschwunden, als wäre sie nie dagewesen, und die Sonne rief aus: »Wie töricht war ich, etwas zu fürchten, was gar nicht vorhanden war«. – Ich glaube, die Idee, die nicht siegt, wie die Sonne, wird nie siegen! v s

99. Ahnung und alles, was damit zusammenhängt, existiert nur in der Poesie, deren eigentliche Aufgabe darin

besteht, das verknöcherte All wieder flüssig zu machen und die vereinzelten Wesen, die in sich selbst erfrieren, durch geheime Fäden wieder zusammenzuknüpfen, um so die Wärme von dem einen zum anderen hinüberzuleiten. Der Mensch ist unendlich beschränkt; ich bin überzeugt, er kann sanft und ruhig schlafen, während dicht neben ihm im anstoßenden Zimmer sein liebster Freund ermordet wird. Dies ist auf der einen Seite schlimm, auf der anderen aber auch wieder gut. Mein Gott, wenn alles das, was wir sein, was wir tun und leisten, was wir genießen und aufnehmen könnten, wenn das Element sich etwas anders um uns zusammengesetzt hätte, auch nur von fern in den Kreis unseres Bewußtseins fiele, so würde unser Leben in Zeit und Ewigkeit nur ein ununterbrochen fortgesetzter Selbstmord sein, denn die Natur, oder wie man es nennen will, kann von zwei Gegensätzen immer nur einen verleihen, der eine in die Existenz getretene sehnt sich aber beständig nach dem anderen in den Kern zurückgesenkten hinüber, und wenn er diesen im Geist wirklich *erfassen* und sich mit ihm *identifizieren*, wenn die Blume z. B. sich den Vogel wirklich *denken* könnte, so würde er sich augenblicklich in ihn auflösen, die Blume würde Vogel werden, nun aber würde der Vogel in die Blume zurück wollen, es würde also kein Leben mehr, nur noch ein stetes Um- und Wiedergebären vorhanden sein, eine andere Art von Chaos. Zum Teil hat eine solche Stellung zum Weltall der Künstler, daher die ewige Unruhe in einem Dichter, alle Möglichkeiten treten so nah an ihn heran, daß sie ihm alle Wirklichkeiten verleiden würden, wenn die Kraft, die sie heranbeschwört, ihn nicht auch wieder von ihnen befreite, indem er ihnen dadurch, daß er ihnen Gestalt und Form gibt, selbst auf gewisse Weise zur Wirklichkeit verhilft und so ihren Zauber bricht; es gehört aber ungeheuer viel, und mehr, als irgend ein Mensch, der es nicht in sich selbst erlebt, ahnen kann, dazu, um nicht das Gleichgewicht zu verlieren, und Naturen, denen das wahre Formtalent abgeht, müssen durchaus in sich gebrochen werden, woraus denn auch so viel Schmerz und Verrücktheit entspringt. T

100. Wenn der Spatz nicht schweigt, nachdem er die Nachtigall hörte, so beweist dies, daß er sie nicht versteht; es beweist aber nicht, daß schlechte Musik in der Welt sein soll. In unserer goldpapiernen Zeit ist es weit leichter, Gedichte zu machen, als es bleiben zu lassen. Der Reim ist der König Midas, der alles, was er berührt, in Gold verwandelt. V S

101. Dem Apoll keine Opfer zu bringen, das ist das einzige Opfer, das er von den meisten verlangt. T

102.
Sind wir nicht Flammen, welche rastlos brennen
    Und alles, alles, was sie auch umwinden,
Verzehren nur, doch nichts umarmen können? T

103. Den widerwärtigsten Eindruck machen auf mich korrigierende, knabenhafte Gesellen, wie man sie in allen Verhältnissen findet, die durch ihre Äußerungen zeigen, daß sie in die Schule gegangen sind, aber noch nicht lange genug. T

104. Es war von jeher der Fluch der Ausleger und wird es ewig bleiben, daß sie über die künstlerische Symbolik, deren Vorhandensein sie ahnen, weil nur diese Ahnung sie in Tätigkeit versetzt, im gründlichsten Mißverständnis befangen sind. Sie wissen nicht, daß diese Symbolik immer nur aufs Allgemeine geht und sich, ohne ihre Natur zu verändern, gar nicht in Spezialitäten verlieren kann; daß sie wohl den Weltzustand veranschaulicht, die religiöse, politische und sittliche Bildungsstufe der Zeit, die sich ganz von selbst ohne Nebentendenz in Charakteren und Situationen widerspiegelt und diesen eben die feinsten der individuellen Umrisse und Unterscheidungslinien gibt, daß sie aber nicht das Mindeste mit »hinein geheimnißten« Beziehungen auf Dies und Das zu schaffen hat. Der Kommentator will mehr, d. h. in seinem Sinn, denn im höheren ist es weniger; er hat keine Vorstellung davon, wie schwer die wunderbare Farbenbrechung, die im Kunstwerk jedes Allgemeine als ein Besonderes, jedes Bekannte als ein Unbekanntes erscheinen läßt, und in allen den lebenden Reiz erzeugt, hervor-

gebracht wird; er hält das für zu unbedeutend, zu gemein. Darum geht er auf seine Mikrologienjagd aus, schlachtet die Menschen, die sich auf festen Füßen in Kraft und Fülle des Lebens vor ihn hinstellen, gelassen ab, zerrt ihnen die Eingeweide aus dem Leibe, um Zeichendeuterei daran zu treiben, und sieht im Herzen lieber eine mathematische Figur, die mit der Kabbala zusammenhängt, als ein Organ, das die Pulse mit Blut füllt und die Rosen auf den Wangen begießt. v s

105. Es gibt eine alt-talmudische Sage, wonach der Magikus jeden beliebigen Menschen zerschlagen und zu Stücken zerhacken darf, wenn er die Teile nachher nur gleich in einen Topf tut und diesen für eine bestimmte Zeit, ohne sich auch nur um eine Sekunde zu verzählen, ans Feuer schiebt, denn der Mensch springt nach Ablauf der geheimnisvollen Frist frisch und gesund wieder aus dem Topf hervor, und in einer Gestalt, die seinem innersten Wesen aufs treueste entspricht, und oft ganz anders wie die frühere. Er kann dabei gewinnen, denn er kann mit einem Buckel hineingehen und ohne Buckel wieder herauskommen, wenn die Natur ihm den lächerlichen Appendix ohne Grund angehängt hat; er kann dabei auch verlieren, denn wenn er voll von Tücken und Ränken steckt, kann ihm anstatt des verscherzten graden Rückens der krumme des Gezeichneten aufgeladen werden, den der Volksmund so unhöflich kommentiert. Immer aber hat die Welt einen Vorteil davon, denn sie weiß fortan, wofür sie ihn halten und was sie von ihm erwarten muß. Diesem Magikus nun soll der Kunstrichter gleichen; er darf nur töten, um wieder zu beleben. Ihm fällt es nicht

zur Last, wenn die Metamorphose zum Schaden des Dichters ausschlägt; er kann nicht dafür, wenn der tragische Held sich in einen Affen verwandelt und der Bajazzo in einen Leichenbitter. Immer jedoch muß er sich dem Kunstwerk gegenüber, selbst wenn es schwach und mißlungen wäre, als Künstler erweisen, der mit der einen Hand zwar auftrennt, aber mit der andern den rohen Stoff auch gleich wieder verwebt. Welche Meisterstücke hat Lessing geliefert, als er Corneille und Voltaire zergliederte; wo gibt es komische Novellen, die sich mit Tiecks Analysen des Oehlenschlägerschen »Correggio« und des Houwaldschen »Leuchtturms« vergleichen ließen, und welchen Genuß gewährt, um doch auch aus dem positiven Gebiet etwas anzuführen, eine Rötschersche Abhandlung über ein Shakespearesches Werk! Wer das aber nicht vermag, der soll ganz davon bleiben, denn das Dekomponieren beruht auf denselben Gesetzen wie das Komponieren, wenn das eine auch ein bewußter Akt des Verstandes ist, das andere ein unbewußter der Phantasie, und es ist gar kein Wunder, daß gerade Goethe, der große Dichter, nicht aber irgend ein Philosoph, durch seine Entwicklung des Hamlet für die ganze Shakespearekritik epochemachend wurde. v s

106. Wenn man das geniale Individuum ehemals zum unabhängigen und völlig schrankenlosen Demiurgos erhob, so scheint man jetzt zu dem Glauben geneigt, daß es sich sklavisch in der Form des dialektischen Prozesses entwickelt, und daß jeder seiner Atemzüge in mathematischem Zusammenhange mit irgend einem allgemeinen Bedürfnis der Welt steht und etwas bejaht oder verneint. Konjektural-

ästhetik ist aber nicht mehr wert wie Konjekturalpolitik, und wenn es auch unzweifelhaft gewiß ist, daß der Nationalgeist sich in der Geschichte verleiblicht, so bleibt es doch nichtsdestoweniger äußerst bedenklich, das nicht bloß im großen und ganzen aufzeigen, sondern auch ganz speziell an Komma und Punkt nachweisen zu wollen. v s

107. Schiller schrieb einmal, während er mit dem Wallenstein beschäftigt war, in einer verzweifelten Stimmung an seinen Freund Körner, er sei oft geneigt, die ganze Theorie der Kunst für einen einzigen empirischen Handwerksgriff hinzugeben. Das war nun freilich nicht seine Durchschnittsmeinung, sondern ein momentaner Stoßseufzer, aber dieser Stoßseufzer ging nichtsdestoweniger aus der ihm durch die Praxis aufgedrängten Erkenntnis hervor, daß das Allgemeine den Künstler nicht fördert. Wenn der Dichter in seiner Entwicklungsperiode die Ästhetik zuerst respektvoll in die Hand nimmt und zu seiner eigenen Verwunderung aus ihr erfährt, welch ein wichtiges Geschäft er eigentlich versieht, so schmeichelt ihm das, und er fängt an, auf den Goldfaden, der ihm bis dahin unbewußt und unbeachtet durch die Finger lief, den rechten Wert zu legen. Aber damit ist die große Gefahr verbunden, daß er infolge der nun gewonnenen Einsicht nur gar zu leicht darauf verfällt, das Spinnen belauschen, ja wohl überwachen und dirigieren zu wollen, und das führt, wie traurige Beispiele lehren, zur Selbstzerstörung. Denn jede künstlerische Schöpfung ist Naturtat, die freilich auf Gesetzen beruht, die aber keines Reflektierens des hervorbringenden Individuums über diese Gesetze bedarf, sondern deren unmittel-

bares Produkt ist. Dagegen gibt es allerdings, um Schillers Ausdruck zu gebrauchen, nützliche Handwerksgriffe, und diese können leichter erlernt, als aus der eigenen Praxis abstrahiert werden, da sie auf Erfahrungen beruhen, die nicht der Einzelne, sondern nur eine ganze Reihe von Geschlechtern erschöpft. Keiner soll sie verschmähen, denn keiner vergibt sich etwas, wenn er sie sich aneignet, und keiner wird sich einer raschen und durchschlagenden Wirkung erfreuen, wenn er sie unbenutzt läßt. v s

108. Junge Dichter beurteilen und junge Leute über die Welt belehren, ist fast eins und dasselbe; es heißt in beiden Fällen Illusionen zerstören und aus süßen Träumen erwekken. Der Kritiker schreitet, wie Hamlet, kopfschüttelnd durch den Bardenhain hindurch und murmelt: Worte, Worte, Worte! Der Sänger hat aber seine Freude an diesen Worten, und seine Freude hat meistens sogar eine Art Berechtigung, denn indem er die Worte braucht, bemerkt er erst, welch ein Schatz von Tiefsinn und Poesie in ihnen aufgehäuft liegt, und weil er etwas Neues sieht, wenn sie ihm zum erstenmal in voller Lebendigkeit durch den Kopf gehen, bildet er sich ein, auch andere müssen etwas neues sehen, und begreift den Tadel nicht. v s

109. Die Form hat nie einen Mangel, der nicht vom Inhalt ausginge; der Inhalt hat keinen, der nicht im Dichter selbst wurzelte. Dies ist der Grund, weshalb die Kritik die formellen Gebrechen so streng rügen muß. t

110. *Dichterlos*

Laß dich tadeln für's Gute und laß dich loben für's
Schlechte;
Fällt dir eines zu schwer, schlage die Leier entzwei.

Über Drama und Theater

111. Ein echtes Drama ist einem jener großen Gebäude zu vergleichen, die fast ebensoviel Gänge und Zimmer unter als über der Erde haben. Gewöhnliche Menschen kennen nur diese, der Baumeister auch jene. T

112. Die Kunst hat es mit dem Leben, dem innern und äußern, zu tun, und man kann wohl sagen, daß sie beides zugleich darstellt, seine reinste Form und seinen höchsten Gehalt. Die Hauptgattungen der Kunst und ihre Gesetze ergeben sich unmittelbar aus der Verschiedenheit der Elemente, die sie im jedesmaligen Fall aus dem Leben herausnimmt und verarbeitet. Das Leben erscheint aber in zwiefacher Gestalt, als Sein und als Werden, und die Kunst löst ihre Aufgabe am vollkommensten, wenn sie sich zwischen beiden gemessen in der Schwebe erhält. Nur so versichert sie sich der Gegenwart wie der Zukunft, die ihr gleich wichtig sein müssen, nur so wird sie, was sie werden soll, Leben im Leben; denn das Zuständlich-Geschlossene erstickt den schöpferischen Hauch, ohne den sie wirkungslos bliebe, und das Embryonisch-Aufzuckende schließt die Form aus.

Das Drama stellt den Lebensprozeß an sich dar. Und zwar nicht bloß in dem Sinne, daß es uns das Leben in seiner ganzen Breite vorführt, was die epische Dichtung sich ja wohl auch zu tun erlaubt, sondern in dem Sinne, daß es uns das bedenkliche Verhältnis vergegenwärtigt, worin das aus dem ursprünglichen Nexus entlassene Individuum dem Ganzen, dessen Teil es trotz seiner unbegreiflichen Freiheit noch immer geblieben ist, gegenübersteht. Das Drama ist demnach, wie es sich für die höchste Kunstform schicken will, auf gleiche Weise ans Seiende, wie ans Werdende verwiesen: ans Seiende, indem es nicht müde werden darf, die ewige Wahrheit zu wiederholen, daß das Leben als Vereinzelung, die nicht Maß zu halten weiß, die Schuld nicht bloß zufällig erzeugt, sondern sie notwendig und wesentlich mit einschließt und bedingt; ans Werdende, indem es an immer neuen Stoffen, wie die wandelnde Zeit und ihr Niederschlag, die Geschichte, sie ihm entgegenbringt, darzutun hat, daß der Mensch, wie die Dinge um ihn her sich auch verändern mögen, seiner Natur und seinem Geschick nach ewig derselbe bleibt. Hiebei ist nicht zu übersehen, daß die dramatische Schuld nicht, wie die christliche Erbsünde, erst aus der Richtung des menschlichen Willens entspringt, sondern unmittelbar aus dem Willen selbst, aus der starren, eigenmächtigen Ausdehnung des Ichs, hervorgeht, und daß es daher dramatisch völlig gleichgültig ist, ob der Held an einer vortrefflichen oder einer verwerflichen Bestrebung scheitert.

Den Stoff des Dramas bilden Fabel und Charaktere. Von jener wollen wir hier absehen, denn sie ist, wenigstens bei den Neueren, ein untergeordnetes Moment geworden, wie jeder, der etwa zweifelt, sich klar machen kann, wenn er ein Shakespearesches Stück zur Hand nimmt und sich fragt, was wohl den Dichter entzündet hat, die Geschichte oder die Menschen, die er auftreten läßt. Von der allergrößten Wichtigkeit dagegen ist die Behandlung der Charaktere.

Diese dürfen in keinem Fall als fertige erscheinen, die nur noch allerlei Verhältnisse durch- und abspielen und wohl äußerlich an Glück oder Unglück, nicht aber innerlich an Kern und Wesenhaftigkeit gewinnen oder verlieren können. Dies ist der Tod des Dramas, der Tod vor der Geburt. Nur dadurch, daß es uns veranschaulicht, wie das Individuum im Kampf zwischen seinem persönlichen und dem allgemeinen Weltwillen, der die Tat, den Ausdruck der Freiheit, immer durch die Begebenheit, den Ausdruck der Notwendigkeit, modifiziert und umgestaltet, seine Form und seinen Schwerpunkt gewinnt, und daß es uns so die Natur alles menschlichen Handelns klar macht, das beständig, so wie es ein inneres Motiv zu manifestieren sucht, zugleich ein widerstrebendes, auf Herstellung des Gleichgewichts berechnetes äußeres entbindet – nur dadurch wird das Drama lebendig. Und obgleich die zugrunde gelegte Idee, von der die hier vorausgesetzte Würde des Dramas und sein Wert abhängt, den Ring abgibt, innerhalb dessen sich alles planetarisch regen und bewegen *muß*, so hat der Dichter doch, im gehörigen Sinn und unbeschadet der wahren Einheit, für Vervielfältigung der Interessen, oder richtiger für Vergegenwärtigung der Totalität des Lebens und der Welt zu sorgen und sich wohl zu hüten, alle seine Charaktere, wie dies in den sogenannten lyrischen Stücken öfters geschieht, dem Zentrum gleich nah zu stellen. Das vollkommenste Lebensbild entsteht dann, wenn der Hauptcharakter das für die Neben- und Gegencharaktere wird, was das Geschick, mit dem er ringt, für ihn ist, und wenn sich auf solche Weise alles, bis zu den untersten Abstufungen herab, in-, durch- und miteinander entwickelt, bedingt und spiegelt.

Es fragt sich nun: in welchem Verhältnis steht das Drama zu der Geschichte und inwiefern muß es historisch sein? Ich denke, so weit, als es dieses schon an und für sich ist, und als die Kunst für die höchste Geschichtsschreibung gelten darf, indem sie die großartigsten und bedeutendsten Lebensprozesse gar nicht darstellen kann, ohne die entscheidenden historischen Krisen, welche sie hervorrufen und bedingen, die Auflockerung oder die allmähliche Verdichtung der religiösen und politischen Formen der Welt, als der Hauptleiter und Träger aller Bildung, mit einem Wort: die Atmosphäre der Zeiten zugleich mit zur Anschauung zu bringen. Die materielle Geschichte, die schon Napoleon die Fabel der Übereinkunft nannte, dieser buntscheckige ungeheure Wust von zweifelhaften Tatsachen und einseitig oder gar nicht umrissenen Charakterbildern, wird früher oder später das menschliche Fassungsvermögen übersteigen, und das neuere Drama, besonders das Shakespearesche, und nicht bloß das vorzugsweise historisch genannte, sondern das ganze, könnte auf diesem Wege zur entfernteren Nachwelt ganz von selbst in dieselbe Stellung kommen, worin das antike zu uns steht. Dann, eher wohl nicht, wird man aufhören, mit beschränktem Sinn nach einer gemeinen Identität zwischen Kunst und Geschichte zu forschen und gegebene und verarbeitete Situationen und Charaktere ängstlich miteinander zu vergleichen, denn man hat einsehen gelernt, daß dabei ja doch nur die fast gleichgültige Übereinstimmung zwischen dem ersten und zweiten Porträt, nicht aber die zwischen Bild und Wahrheit überhaupt herausgebracht werden kann, und man hat erkannt, daß das Drama nicht bloß in seiner Totalität, wo es sich von selbst versteht, sondern daß es schon in jedem seiner Elemente symbolisch ist und als symbolisch betrachtet werden muß, ebenso wie der Maler die Farben, durch die er seinen Figuren rote Wangen und blaue Augen gibt, nicht aus wirklichem Menschenblut heraus destilliert, sondern sich ruhig und unangefochten des Zinnobers und des Indigos bedient.

Aber der Inhalt des Lebens ist unerschöpflich, und das Medium der Kunst ist begrenzt. Das Leben kennt keinen Abschluß, der Faden, an dem es die Erscheinungen abspinnt, zieht sich ins Unendliche hin, die Kunst dagegen muß abschließen, sie muß den Faden, so gut es geht, zum Kreis zusammenknüpfen, und dies ist der Punkt, den Goethe allein im Auge haben konnte, als er aussprach, daß alle ihre Formen etwas Unwahres mit sich führten. Dies Unwahre läßt sich freilich schon im Leben selbst aufzeigen, denn auch dieses bietet keine einzige Form dar, worin alle seine Elemente gleichmäßig aufgehen; es kann den vollkommensten Mann z. B. nicht bilden, ohne ihm die Vorzüge vorzuenthalten, die das vollkommenste Weib ausmachen, und die beiden Eimer im Brunnen, wovon immer nur einer voll sein kann, sind das bezeichnendste Symbol aller Schöpfung. Viel schlimmer und bedenklicher jedoch als im Leben, wo das Ganze stets für das Einzelne eintritt und entschädigt, stellt sich dieser Grundmangel in der Kunst heraus und zwar deshalb, weil hier der *Bruch* auf der einen Seite durchaus durch einen *Überschuß* auf der andern Seite gedeckt werden muß.

Ich will den Gedanken erläutern, indem ich die Anwendung aufs Drama mache. Die vorzüglichsten Dramen aller

Literaturen zeigen uns, daß der Dichter den unsichtbaren Ring, innerhalb dessen das von ihm aufgestellte Lebensbild sich bewegt, oft nur dadurch zusammenfügen konnte, daß er einem oder einigen der Hauptcharaktere ein das Maß des Wirklichen bei weitem überschreitendes Welt- und Selbstbewußtsein verlieh. Ich will die Alten unangeführt lassen, denn ihre Behandlung der Charaktere war eine andere, ich will nur an Shakespeare, und mit Übergehung des vielleicht zu schlagenden Hamlet, an die Monologe im Macbeth und im Richard, sowie an den Bastard im König Johann erinnern. Man hat, nebenbei sei es bemerkt, bei Shakespeare in diesem offenbaren Gebrechen zuweilen schon eine Tugend, einen besonderen Vorzug erblicken wollen (sogar Hegel in seiner Ästhetik), statt sich an dem Nachweis zu begnügen, daß dasselbe nicht im Dichter, sondern in der Kunst selbst seinen Grund habe. Was sich aber solchemnach bei den größten Dramatikern als durchgehender Zug in ganzen Charakteren findet, das wird auch oft im einzelnen, in den kulminierenden Momenten, angetroffen, indem das Wort neben der Tat einhergeht, oder ihr wohl gar voraneilt, und dies ist es, um ein höchst wichtiges Resultat zu ziehen, was die *bewußte* Darstellung in der Kunst von der *unbewußten* im Leben unterscheidet, daß jene, wenn sie ihre Wirkung nicht verfehlen will, scharfe und ganze Umrisse bringen muß, während diese, die ihre Beglaubigung nicht erst zu erringen braucht, und der es am Ende gleichgültig sein darf, ob und wie sie verstanden wird, sich an halben, am Ach und O, an einer Miene, einer Bewegung, genügen lassen mag. Goethes Ausspruch, der an das gefährlichste Geheimnis der Kunst zu ticken wagte, ist oft nachgesprochen, aber meistens nur auf das, was man äußerlich Form nennt, bezogen worden. Der Knabe sieht im tiefsinnigsten Bibelvers nur seine guten Bekannten, die *vierundzwanzig* Buchstaben, durch die er ausgedrückt ward.

Das deutsche Drama scheint einen neuen Aufflug zu nehmen. Welche Aufgabe hat es jetzt zu lösen? Die Frage könnte befremden, denn die zunächst liegende Antwort muß allerdings lauten: dieselbe, die das Drama zu allen Zeiten zu lösen hatte. Aber man kann weiter fragen: soll es in die Gegenwart hineingreifen? soll es sich nach der Vergangenheit zurückwenden? oder soll es sich um keine von beiden bekümmern, d. h. soll es sozial, historisch oder philosophisch sein? Respektable Talente haben diese drei verschiedenen Richtungen schon eingeschlagen. Das *soziale* Thema hat Gutzkow aufgenommen. Vier seiner Stücke liegen vor, und sie machen in ihrer Gesamtheit einen befriedigenderen Eindruck als einzeln, sie sind offenbar Korrelate, die den gesellschaftlichen Zustand mit scharfen, schneidenden Lichtern in seinen Höhen und Niederungen beleuchten. − Andere haben sich dem *historischen* Drama zugewandt. Ich glaube nun, daß der wahre historische Charakter des Dramas niemals im Stoff liegt, und daß ein reines Phantasiegebilde, selbst ein Liebesgemälde, wenn nur der Geist des Lebens in ihm weht und es für die Nachwelt, die nicht wissen will, wie unsere Großväter sich in unsern Köpfen abgebildet haben, sondern wie wir selbst beschaffen waren, frisch erhält, sehr historisch sein kann. Ich will hiermit keineswegs sagen, daß die Poeten ihre dramatischen Dichtungen aus der Luft greifen sollen; im Gegenteil, wenn ihnen die Geschichte oder die Sage einen Anhaltspunkt dar-

bietet, so sollen sie ihn nicht in lächerlichem Erfindungs-
dünkel verschmähen, sondern ihn dankbar benutzen. Ich
will nur den weitverbreiteten Wahn, als ob der Dichter
etwas anderes geben könne, als sich selbst, als seinen eigenen Lebensprozeß, bestreiten; er kann es nicht und hat es
auch nicht nötig, denn wenn er wahrhaft lebt, wenn er sich
nicht klein und eigensinnig in sein dürftiges Ich verkriecht,
sondern durchströmt wird von den unsichtbaren Elementen, die zu allen Zeiten im Fluß sind und neue Formen und
Gestalten vorbereiten, so darf er dem Zug seines Geistes ge-
trost folgen und kann gewiß sein, daß er in seinen Bedürfnissen die Bedürfnisse der Welt, in seinen Phantasien die
Bilder der Zukunft ausspricht, womit es sich freilich sehr
wohl verträgt, daß er sich in die Kämpfe, die eben auf der
Straße vorfallen, nicht persönlich mischt. Die Geschichte
ist für den Dichter ein Vehikel zur Verkörperung seiner
Anschauungen und Ideen, nicht aber ist umgekehrt der
Dichter der Auferstehungsengel der Geschichte. Wer mich
versteht, der wird finden, daß Shakespeare und Aeschylos
meine Ansicht eher bestätigen, als widerlegen. – Auch *philosophische* Dramen liegen vor. Bei diesen kommt alles darauf an, ob die Metaphysik aus dem Leben hervorgeht, oder
ob das Leben aus der Metaphysik hervorgehen soll. In dem
einen Fall wird etwas Gesundes, aber gerade keine neue
Gattung entstehen, in dem andern ein Monstrum.

Nun ist noch ein Viertes möglich, ein Drama, das die hier
charakterisierten verschiedenen Richtungen in sich vereinigt und eben deshalb keine einzelne entschieden hervortreten läßt. Dieses Drama ist das Ziel meiner eigenen
Bestrebungen, und wenn ich, was ich meine, durch meine

Versuche selbst, durch die »Judith« und die nächstens erscheinende »Genoveva«, nicht deutlich gemacht habe, so wäre es töricht, mit abstrakten Entwicklungen nachzuhelfen. vs

113. Der Unterschied zwischen dem Drama der Alten und dem Drama der Neuen liegt darin: die Alten suchten bei der Fackel der Poesie die Labyrinthe des Schicksals zu durchspähen. Wir Neueren suchen die Menschennatur, in welcher Gestalt oder Verzerrung sie uns auch entgegentrete, auf gewisse ewige und unveränderliche Grundzüge, wie auf ein unerschütterliches Fundament, zurückzuführen. Jenen war dieses Zweck, was uns Mittel ist, und umgekehrt.

114. Der Dialog ist leicht! Der Dialog ist schwerfällig! Das ist das Einzige, was die Rezensenten, und selbst die besseren, über den Stil eines Dramas zu bemerken pflegen. Diese Bemerkungen zeigen ihre Flachheit aber schon durch ihre Allgemeinheit. Denn gingen sie aus wahrer Sachkenntnis hervor, so müßten sie auf einzelne Szenen, ja auf einzelne Reden, beschränkt werden, da die Leichtigkeit oder Schwerfälligkeit des Dialogs gar kein charakteristisches Kennzeichen eines ganzen Dramas sein kann.

Unstreitig ist die Sprache das allerwichtigste Element wie der Poesie überhaupt, so speziell auch des Dramas, und die Kritik tut schon darum wohl, bei ihr zu beginnen, weil sie, wenn sie hier nicht befriedigt wird, gar nicht weiter zu gehen braucht. In der Idee, selbst in den Charakteren, versteckt sich das Abstrakte sehr tief und wird um so schwerer entdeckt, als in diesem Kreise auch das Konkreteste bei seiner symbolischen Natur darauf zurückführt, es sich also um die immer äußerst schwierige Ermittlung handelt, ob eine an sich schon bis zur Unmerklichkeit feine Linie überschritten wurde oder nicht. In der Sprache offenbart es sich dem ästhetischen Sinn sogleich, denn nur durch sie und in ihr wird die lange adjektivlose Arbeit des poetischen Geistes, die in einigen Stadien sogar mit dem Geschäft des Denkers, der Tätigkeit des Psychologen in freilich modifizierter Form zusammentrifft, zur entschiedenen Dichtertat. Aber allerdings muß man, um sich an die Analyse der Sprache wagen und aus ihrer Beschaffenheit das Urteil ableiten zu dürfen, den spezifischen Unterschied zwischen einer *Relation* und einer *Darstellung* erkannt haben, und diese Erkenntnis scheint selten zu sein.

An der Sprache ist es die wunderbarste Seite, wie der allgemeine Geist des Volks, dessen Produkt sie ist, und der individuelle, der sich ihrer zu seinen Einzelzwecken bedient, ineinander wirken und, sich gegenseitig ergänzend und beschränkend, ein Drittes erzeugen, das beiden gemeinschaftlich angehört. Der allgemeine Geist und der individuelle stehen sich in diesem Prozeß wie Zeichner und Kolorist gegenüber; der eine zieht die Linien, hält sich deshalb streng in der Sphäre des Fundamentalen und trennt, um dies zu können, alles Begleitende aufs schärfste vom Wesentlichen; der andere gibt die Farben und sieht sich hierin eben durch diese Trennung, die nicht allein die Eigenschaften, Zustände und Verhältnisse an sich von den Dingen abgeschnitten, sondern auch für die graduelle Bestimmung derselben eine mehr oder weniger ausgedehnte Freiheit übrig gelassen hat, vorgearbeitet und unterstützt. Die Sprache erscheint hiebei als fest und flüssig zugleich; als fest, indem sie die Überschreitung des nach den ihr zugrunde liegenden Uranschauungen und Erfahrungen einmal gezogenen Kreises, der sie zur Trägerin einer bestimmten Nationalität macht, nicht gestattet; als flüssig, indem sie sich der freien Bewegung innerhalb dieses Kreises, der größeren Vertiefung in diese Anschauungen und Erfahrungen und der weiteren Verknüpfung derselben nicht widersetzt. Dies gilt von allen Sprachen ohne Ausnahme; von dem Maß der Enthaltsamkeit, die der allgemeine Geist an seinem Teil bewies, und der Freiheit, die demgemäß der individuelle vorfindet, hängt der Wert jeder einzelnen ab, nicht aber von dem Grade des an sich relativen, weil klimatisch und sonst bedingten Wohllauts, denn eine Sprache kann äußerst musikalisch und nichtsdestoweniger geistlos und unpoetisch sein, ihre Zeichen können dem Ohr durch Vokalfülle schmeicheln und dennoch dem Geist durch Dürftigkeit des Sinnes und Mischungsunfähigkeit trotzen. Darauf aber kommt es an, daß der Geist in der Sprache möglichst vollständig zur Erscheinung gelange, daß er hier an der Grenze der sich bereits verflüchtigenden materiellen Welt den letzten, durchsichtigen Leib erhalte; nicht darauf, daß durch unendliches Sichten, Wägen und Messen ein Zwittermedium herausgebracht werde, das doch nicht Musik wird, noch bei der zwiefachen Verwendbarkeit des Tons zu werden braucht, das aber die Eitelkeit, sich der Musik um einen Schritt zu nähern, mit dem unschätzbaren Vorzug, den Geist mit jeder seiner Lebensregungen unverkürzt und unverdunkelt in sich aufzunehmen, bezahlen muß.

Das Leben des Geistes tritt nun in doppelter Gestalt, als

Denken und Dichten, in der Sprache hervor. Natürlich ist dies schon in der Sprachbildung selbst, seiner ersten und größten Tat, zu der alle übrigen sich verhalten, wie die Kinder zur Mutter, der Fall, und wenn hier die Tätigkeit dieser beiden Faktoren auch unmittelbar zusammenging, so geschah das doch nicht auf eine in dem Produkt nicht mehr zu unterscheidende Weise. Im Gegenteil setzen sich Denker und Dichter nur durch strenge Sonderung der einem jeden dieser Faktoren angehörigen Formen und Zeichen gründlich in den Besitz der Sprache und versichern sich ihrer Kraft, machen aber freilich auch zuweilen, und nicht selten zur Unzeit, die Erfahrung, daß der eine hie und da für den anderen, aushelfend oder vorgreifend, eingetreten, oder gar daß die ganze Arbeit, nach irgend einer Seite hin, z. B. sehr oft, wo die gespenstisch-abstrakte Vorsilbe *un* sich aufdringt, zu früh eingestellt worden ist. Hier ist der Punkt, auf dem der Gedanke an eine Universalsprache, gegen die sich die verschiedenen Nationalsprachen, wie ebensoviele ihr vorhergegangene Exerzitien verhielten, deren Zweck auf relative Ermittlungen und Vorbereitungen hinausliefe, wenigstens nicht unvernünftig und willkürlich erscheint. Allerdings deckt in den letzteren immer eine die Lücken der anderen, auch sind diese Lücken selbst durchaus charakteristisch, müssen also nicht als rohe Zufälligkeiten betrachtet werden, sondern als notwendige Konsequenzen des den ganzen Schöpfungsprozeß beherrschenden Individualisierungsgesetzes, als stumpfe Linien an den geistigen Physiognomien der Völker, die sich vor dem rechten Auge ganz von selbst in sprechende an der Physiognomie der Menschheit verwandeln. Aber die Kenntnis der Rahmen erweitert nicht die Spiegel, und die Hoffnung, sie alle dereinst näher und näher zusammenrücken, dann zerbrechen und auf dem Gipfel der Zivilisation in einem einzigen verschmelzen zu sehen, ermangelt keineswegs des Fundaments. Denn es handelt sich hiebei nicht um die Abfindung eines unberechtigten, nicht aus dem Wesen der Sache selbst hervorgehenden, sondern nur von einer ihr fremden Sphäre aus an sie angeknüpften Gelüstes, etwa nach größerer Gemächlichkeit im äußern Verkehr, im Handel und Wandel; es handelt sich um die Befriedigung des tief in der Natur des Geistes begründeten Bedürfnisses, in jedem Kreise, und also auch in dem der Sprache, von den niedrigeren Organismen in allmählicher Erhebung zu den höheren und zum höchsten, sie alle in sich aufnehmenden vorzudringen. Auch soll, um zu diesem Ziel zu gelangen, nicht aus dem Stegreife ein Sprung unternommen, es soll nur einfach fortgeschritten werden, da man, wenn kein Stillstand eintritt, auf demselben Weg, und ungefähr auch mit denselben Opfern in bezug auf das dahinter zu lassende gar zu individuelle Beiwerk, von der Nationalsprache zur Universalsprache kommen muß, auf dem und mit denen man von der Individualsprache, um die ersten stammelnden Verständigungs- und Mitteilungsversuche so zu nennen, zur Familien-, Provinzial- und Nationalsprache kam.

Weiter nun und entschiedener gehen Denken und Dichten in dem Individuum, das sich der Sprache zu seinen Einzelzwecken bedient, auseinander; doch muß man sich auch hier keine absolute Trennung vorstellen. Der menschliche Geist wirkt immer in ungebrochener Totalität, und wenn er sich auch gewöhnlich nur mit der einen oder der andern seiner Fakultäten gegen die Welt herauskehrt, so sind die übrigen darum nicht minder vorhanden, weil sie die bescheidene Arbeit der Ernährung verrichten und auf das Zeugungsgeschäft Verzicht leisten. Uns interessiert hier vornehmlich der spezifische Unterschied, der zwischen dem Denk- und dem Dichtungsvermögen besteht; an die höhere Einheit derselben müssen wir uns aber auch erinnern, weil beide eine Seite haben, worin sie zusammenlaufen und weil gerade diese Seite das Hervortreten gewisser Zwittererscheinungen und die Verwechslung derselben mit den normalen erklärt, die sonst unerklärlich sein würde. Das Denkvermögen betätigt sich in der Bildung reiner Begriffe und gelangt zur Form im philosophischen System; das Dichtungsvermögen in der unmittelbaren Aufnahme und freien Reproduktion symbolischer Anschauungen und gipfelt im geschlossenen Kunstwerk. Der Begriff wurzelt aber in der Anschauung und tritt zunächst als Vorstellung auf; die dichterische Anschauung partizipiert durch ihre symbolische Beschaffenheit, die sie eben über die gemeine erhebt, am Begriff, und beide unterscheiden sich ihrer Richtung nach darin, daß der Begriff in unendlicher Ausbreitung alles Besondere ins Allgemeine auflöst, die dichterische Anschauung in ebenso unendlicher Vertiefung das Allgemeine im Besonderen aufdeckt. Wenn man dieses Grundverhältnis gehörig erwägt und dabei berücksichtigt, wie schwer überall ein Letztes zu fassen ist und wie viele Stufen hinauf- und hinunterführen, so wird man nicht allein die Entstehung einer sogenannten poetischen Philosophie und einer philosophischen, bald didaktischen, bald rhetorischen Poesie begreifen, sondern es auch natürlich finden, daß

Philosophie und Poesie die Masse in der Regel um so mehr anziehen, je weniger sie ganz sind, was sie sein sollen. Es wird nicht alles Philosophie, was dazu ansetzt, nicht alles Poesie oder gar Kunst, was sich poetisch anläßt, und dies schnöde Mittlere, das im Werdeprozeß stecken bleibt und die rohen Elemente zu wohlfeilem und mühelosem Genuß darbietet, verursacht alle jene Verwirrungen, die den Künstler in seinem instinktiven Bewußtsein, den Philosophen in seinem Prinzip beirren könnten, wenn beide die Unvermeidlichkeit und Konsequenzlosigkeit derselben nicht gerade vermöge dieses Bewußtseins und dieses Prinzips erkennen lernten.

Die Dichtung erwächst also aus der Anschauung, sie hat es mit dem Leben zu tun und ist dessen Spitze. Das sprachliche Produkt, das entsteht, wenn ein positiv individueller Geist (denn negativ individuell sind alle) den allgemeinen auf die oben entwickelte Weise durchdringt und befruchtet, wird Stil genannt; es setzt beide Faktoren mit gleicher Notwendigkeit voraus, ist darum Ausdruck zugleich der Bildung wie der Artung eines Individuums und kann schon deswegen nicht, wozu die leere Schönschreiberei unserer Tage es gern machen möchte, eine beiläufige Eigenschaft des Nichts sein, der Zähler einer Null, das Fleisch einer Luftblase. Anschauungen beruhen, näher oder entfernter, auf Überlieferungen der Sinne, der poetische Stil ist daher, dem Grundelemente nach, ein sinnlicher; er bedient sich, soweit der Schatz reicht, nur der lebendigen Wörter, d. h. derjenigen, welche den Dingen nicht, wie die toten, zahlenhaften, willkürlich eingeschrieben, sondern ihnen durch Ohr und Auge abgewonnen wurden; er reiht sie so aneinander, daß sie sich durch den Schatten, den sie werfen, den Glanz, den sie verbreiten, gegenseitig nach jedesmaligem Bedürfnis des Kolorits verdunkeln oder heben; er wird die ihm notwendige Bildlichkeit aber nie durch die Verstandes-operation der Bilderhäufung erreichen wollen, denn er weiß, daß ein sogenanntes Bild, wenn es nicht aus der Sprache heraus geboren, sondern mühsam aufgejagt und um-ständlich ausgemalt wird, selten etwas anderes ist als eine chinesische Laterne, die der bankrotte Poet neben einer grauen Abstraktion aufhängt, um Blödsichtige zu täuschen. Dies gilt von aller Poesie, also auch von der dramatischen; für diese ergeben sich jedoch in bezug auf Sprache und Stil noch ganz besondere Gesetze. Das Drama ist die höchste Form der Poesie und der Kunst überhaupt, hat aber nichtsdesto-weniger die Aufgabe, das Leben in seiner Unmittelbarkeit zur Anschauung zu bringen und den alles umfassenden Ver-stand, der ihm im ganzen zugrunde liegen muß, im einzelnen hinter anscheinender Willkür zu verstecken; es soll eine Welt sein, keine Uhr. Die Lösung dieser Aufgabe hängt nun zwar zunächst von dem Wechselgeflecht der Charaktere und Situationen ab, von dem Grade, wie diese sich gegen-seitig bedingen und dem Verhältnis, worin sie zum Ideen-zentrum stehen, sie findet ihre vollständige Realisierung aber erst in der Sprache. Alles übrige mag beschaffen sein, wie es will, es ist bloßer Chylus oder, wenn es hoch kommt, Blut vor dem Atemzug; nur durch die Sprache wird es, was es werden soll oder kann: *Darstellung* oder *Relation*, die Sache selbst oder ein Bericht über die Sache. Die Darstellung gibt den Werdeprozeß in seiner ganzen Tiefe und begleitet alles, was sie in ihren Kreis aufnimmt, von der Wurzel bis zum

Gipfelpunkt, die Menschen, ihre Neigungen und Leidenschaften, zum Teil sogar das Medium, dessen sie selbst sich
bedient, die Sprache; sie führt das Leben in der ihm wesentlichen Gestalt eines rastlosen Sich-Umgebärens vor, bei
dem das Kind augenblicklich wieder zum Vater wird, und
erzwingt sich darum auch einen unbedingten Glauben,
denn sie ist die Probe ihrer selbst. Die Relation dagegen ist
an das Fertige, sei es auch das Fertige im Werdenden, ge-
bunden, sie legt das Leben wohl den entscheidenden Momenten nach auseinander und zieht ein Resultat, aber sie
dringt nicht in die Übergänge; deshalb nötigt sie uns auch
nie ein: So ist es! ab, sondern höchstens ein: So kann es sein!
und es ändert hieran nichts, ob das Individuum aus sich
selbst schöpft oder aus der Welt. Es ist dies alles nicht etwa
so aufzufassen, als ob der auf Relationen beschränkte Geist
erst in der Sprache anfinge, sich von dem darstellenden zu
unterscheiden; es wird nur behauptet, daß, sobald er sich in
ihr zu verleiblichen sucht, jede Täuschung über die eigentliche Beschaffenheit seines Vermögens aufhört, und daß sie
das einzige Kriterium ist, das niemals trügt. v s

115. Die Trennung zwischen Drama und Theater ist unnatürlich, sie sollte nicht sein. Aber sie *ist*, und sie wird
schwerlich wieder beseitigt, denn die Idealbühne ist nur
einmal, bei den Griechen, wo das Drama aus der Religion
hervorging und in Stoff und Form heilig und geweiht war,
verkörpert gewesen, das moderne Theater dagegen
schwebte zu allen Zeiten mehr oder weniger in der Luft, da
es sich wohl zuweilen zum Nationalausdruck erhob, aber
nie im Sinne der Griechen ein Nationalakt wurde, noch

werden konnte. Es war von jeher Unterhaltungsmittel, Zeitvertreib. Wer es nicht zugeben will, der zeige mir im Bewußtsein derjenigen Völker, die es unter den neueren wirklich zu einem Drama brachten, das innere Entwicklungsmoment auf, aus dem dieses mit Notwendigkeit hervortrat. Ich sage: das allgemein-nationale Entwicklungsmoment, nicht das speziell literatur-historische, das hier nicht genügt, noch weniger die äußeren Umstände, die hie und da die Ausbildung des Theaters begünstigten, ohne ihm darum die wahre und hohe Bedeutung, die es für das Volksbewußtsein haben soll, zu verleihen. Ich kenne die meisten schönen Reden, die von witzigen Köpfen über diesen Gegenstand gehalten worden sind, ich weiß namentlich, daß man sich in geistreichen Wendungen erschöpft hat, um den wunderbaren Umstand, daß die Shakespeareschen Stücke unter der jungfräulichen Königin fast ebensoviel Aufsehen erregten als die Bärenhetzen, zu einem solchen Entwicklungsmoment zu stempeln, aber ich weiß leider auch, daß schöne Reden und geistreiche Wendungen nichts beweisen, und daß ein äußeres Interesse für das Institut, selbst wenn es sich, wie bei den Franzosen in ihrer klassischen Zeit, zur Nationaleitelkeit steigert, etwas ganz anderes ist, als ein inneres Bedürfnis, dessen Befriedigung das Volksbewußtsein zu einer höheren Stufe hinüberführt. Und warum soll man der Sache den rechten Namen nicht geben? Solange das Theater Zeitvertreib des Volks, des wirklichen, wahren Volks, bleibt, ist es nicht verloren, denn das Volk hat Phantasie, es läßt sich hinreißen und erschüttern, und der ihm einwohnende Instinkt für das Echte und Nachhaltige, den es hier, wie allenthalben, wo es als

Gesamtheit urteilt, offenbart, schützt den Dichter, der etwas zu bringen hat, besser vor Verkennung und Mißhandlung, als der »gute Geschmack« der Halbwisser. Erst wenn es Zeitvertreib der gelangweilten Menschenklasse wird, die sich die allein gebildete zu nennen übereingekommen ist und die nicht von den Mühen des Lebens, sondern vom Leben selbst ausruhen will, fängt es zu sinken an, dann sinkt es aber auch schneller, als es je zuvor stieg, denn wahrlich, alle Kunst ruht auf dem tiefsten Ernst, und wenn sie diesen auch allerdings nach Schillers Worten in heiterem Spiel auflösen und bewältigen soll, so ist das doch nicht so zu verstehen, als ob es ihre Aufgabe sei, ihn hinwegzuspötteln oder ihn tändelnd und gaukelnd zu überhüpfen. Zeitvertreib der »Gebildeten«, Unterhaltungsmittel während der Verdauung ist das Theater aber jetzt so ziemlich überall geworden. Das Volk wagt sich in die stolzen Prachtgebäude, die wir anstatt der bescheidenen Buden errichtet haben, nur noch zagend hinein, es fühlt sich unheimlich in den weiten glänzenden Räumen, die es, nicht ideell, aber materiell an eine ganz andere Welt erinnern, als diejenige ist, in der es lebt und webt, und die hohen Eintrittspreise erlauben ihm nicht, so oft zu kommen, daß der befangende erste Eindruck sich abstumpfen und ihm seine geistige Freiheit zurückgeben könnte. Da kann sich denn recht ungestört jene Zartheit des Gemüts entwickeln, die sich die abgeschmackteste Dialektik über erkünstelte Leiden gefallen läßt, die sich aber, halb verdrießlich, halb schaudernd, abwendet, wenn ein wirkliches, dem die Poesie Sprache verleiht, seinen Schmerzschrei ausstößt; da kann jene Dezenz, die die Unschuld schamrot macht und die, wenn sie konsequent wäre, mit der eigenen Mutter darüber hadern müßte, daß sie sie zur Welt *geboren* und die Natur nicht zu einer Ausnahme von der alten plumpen Regel gezwungen hat, den höchsten Gipfelpunkt der Albernheit erreichen. Was soll nun aber in solcher Periode der Dichter beginnen? Der Seidenwurm hört nicht zu spinnen auf, weil wollene Zeuge Mode werden, und der dramatische Geist nicht zu gestalten, weil man ihm das Theater verschließt. Nichts bleibt ihm übrig, als sein Kunstwerk »schweigend in den unermeßlichen Abgrund der Zeit zu werfen« und sich ruhig und stolz in der Überzeugung, daß die Geschichte zur rechten Stunde jeden Goldfaden in ihr großes Gewebe zu verflechten wissen wird, zu neuen Schöpfungen zusammenzufassen. Der Dichter tut genug, wenn er seine Werke so einrichtet, daß sie aufgeführt werden können, daß sie sich nicht in die epische Breite oder die lyrische Tiefe verlaufen; ob sie aber wirklich zur Aufführung gelangen, davon konnte wohl in Griechenland, wo das gesamte Volk in seiner durch feierliche Opfer erhöhten Stimmung darüber entschied, wer von den Bewerbern um den tragischen Kranz die Juwelen der religiösen und heroischen Mythen in das reinste Gold der Darstellung gefaßt habe, ihre Bedeutung für die Nation abhangen, aber gewiß nicht bei uns.   v s

116.   Es ist eine rein aus der Luft gegriffene Behauptung, daß dramatische Dichtungen bloß für die Darstellung und nicht auch für die Lektüre bestimmt sind, eine Behauptung, die schon den Aristoteles geradezu ins Gesicht schlägt, und die eben nur aus der miserablen Beschaffenheit des gewöhnlichen Theaterstücks abstrahiert ist. Niemand wird es

bestreiten, daß ein gebildeter Mensch Trauerspieldichter, wie Raupach, und Komödienschreiber, wie Bauernfeld, nicht lesen kann, wenn er auch die eine oder die andere ihrer Fadaisen mit Vergnügen sieht; noch weniger aber wird irgend jemand leugnen, daß die Beschäftigung mit den Schöpfungen Goethes, Schillers und Lessings auch im einsamen Kämmerlein Genuß und Nutzen gewährt. Das Drama adressiert sich an den Leser und an den Zuschauer zugleich; wenn es dem Leser nichts bietet, so ist es sicher nicht poetisch, und wenn der Zuschauer zu kurz kommt, so kann es nicht dramatisch sein. Die Darstellung wird immer die Wirkung des Totalgebildes erhöhen, die Lektüre aber die des Details verstärken, das auf der Bühne viel zu rasch vorüberfliegt, um in seiner ganzen Tiefe und Schönheit aufgefaßt werden zu können, und so werden sich beide, wenn nur das rechte Werk vorhanden ist, gegenseitig ergänzen und in die Hände arbeiten. VS

117. Wer über das deutsche Theater ein ernstes Wort zu sprechen unternimmt, der kommt den meisten so vor, als ob er über eine Kinderklapper philosophische Betrachtungen anstellen oder, wie Swift, über einen Besenstiel predigen wolle. Die Zeiten sind vorüber, wo man mit Schiller übereinstimmte, wenn er in jugendlichem Enthusiasmus die Schaubühne für eine moralische Bildungsanstalt erklärte und den Histrio, nachdem man ihm lange genug den Zutritt in anständige Gesellschaft verweigert, ja das ehrliche Grab auf dem Kirchhof bestritten hatte, als den Hohenpriester der Humanität zu ehren anfing, von dem man die ästhetische Läuterung der Menschheit erwartete, da die

ethische, trotz Moses und den Propheten, mißglückt war. Auch die Zeiten sind vorüber, wo das Theater, wenn man ihm auch nicht mehr einen erhöhten Mittelplatz zwischen Kanzel und Katheder anwies, doch noch für die illuminierte Uhr gehalten wurde, auf die man nur zu schauen brauchte, um genau zu erfahren, wie es mit der dramatischen Nationalproduktion stand, und wo man es besuchte, um sich an dem geistigen Ringkampf der hervorragendsten Dichterkräfte zu erfreuen. Ja sogar die Zeiten sind vorüber, wo das Theater doch wenigstens noch für die beste Unterhaltung galt, und wo ein neues Stück ein Stadt- und ein Familienereignis war, dem man mit Spannung entgegensah und das man mit Behagen genoß oder mit Resignation hinnahm. Keiner sucht in den Hallen noch Bildung, wo, so stolz sie auch dastehen und so prahlerisch die Inschriften auch lauten mögen, die Bilder sinn- und planloser durcheinanderfliegen wie die Karten, mit denen die Kinder spielen; jedermann weiß, daß der Dichter überall eher anzutreffen ist, als auf den Brettern, die bloß seinetwegen zusammengezimmert sein sollen, und das muß ein ganz verlorener Abend sein, den jemand noch ans Theater wendet, wenn ihn anders nicht ein Virtuos oder ein sonstiger Nebenreiz hineinlockt.

Daß es so steht, ist gewiß. In Berlin gehen, wie die Zeitungen melden, die Klassiker nur dann noch etwas häufiger in Szene, wenn die Tantiemensumme für die Novitäten zu hoch aufläuft, d. h. wenn sie etwa den hundertsten Teil dessen zu betragen droht, was für Toiletten und Dekorationen mit Vergnügen und im Gefühl unabweislicher Notwendigkeit verausgabt wird. Und in Wien werden Ausstattungsstücke gegeben, über welche die allerdevotesten Tagesblätter mutig genug sind, zu bemerken, daß die Direktion, wenn sie eine Modenausstellung veranstalte, doch auch die Kleiderkünstler zur Beurteilung einladen möge, statt der Ästhetiker. Berlin und Wien bilden aber in ihrer reichen Dotierung die Pole des deutschen Theaterlebens; München und Dresden entscheiden nicht, selbst wenn sie sich einmal zu einem selbständigen Schritt versucht fühlen, und Weimar, Stuttgart usw. können nur experimentieren. Daraus folgt denn, daß eine Kontrolle, die nicht darauf ausgeht, die sämtlichen Schnupfenfieber und Heiserkeiten der Schauspieler zu Buch zu bringen, um allenfalls Schlüsse über die klimatischen Verschiedenheiten der deutschen Länder daraus abzuleiten, sich auf Wien und Berlin beschränken darf und dennoch genau erfährt, wie es bei uns mit dem Musendienst steht. Darnach also wollen wir uns verhalten, die ganze Angelegenheit aber einer sehr ernsten und unausgesetzten Aufmerksamkeit unterziehen.

Denn es ist ein ebenso wunderlicher als gewöhnlicher und weit verbreiteter Irrtum, daß derjenige, der das deutsche Theater für schlecht erklärt, sich auch nicht mit demselben befassen dürfe. Im Gegenteil, das Theater ist zu allen Zeiten, namentlich aber in der unsrigen, ein so wichtiges Institut, daß man es mit allen Mitteln wieder zu heben suchen muß, wenn es tief gesunken ist. Man mag über die ästhetische Erziehung des Menschen denken, wie man will, so viel ist gewiß, daß das Moment der Erhebung, dessen wir so nötig bedürfen, wie der Selbstvergessenheit, die der Schlaf gewährt, uns in unserer Zeit nur noch durch die Kunst kommen kann. Die Religion bietet es nicht mehr dar und der Patriotismus bietet es noch nicht dar; die Kirche, an der einst auch ein Zweifler wie Faust nur zitternd und zähneklappernd vorbeischlich, wenn Orgelton und Glockenklang zum Eintritt luden, vereinigt die verschiedenen Stände des Volks nicht mehr in ihrem Schoß, und der Staat ruft sie noch nicht zusammen. Dies ist eine Tatsache, die man beklagen oder preisen, die man aber sicher nicht in Abrede stellen kann. Wir erinnern bloß an sie und lassen es ununtersucht, ob die Kirche durch Zwangsmaßregeln, wie es in evangelischen Ländern z. B. die gebotenen Sonntagsfeiern sind, die ungeheure Kluft, die sich zwischen Glauben und Wissen aufgetan hat, wieder ausfüllen wird, und ob der Staat wohl tut, wenn er auf die Begeisterung seiner Bürger Verzicht leistet, um ihrem Vorwitz zu entgehen; sie beweist aufs unwidersprechlichste, daß das höchste Bedürfnis des Menschen nur noch in der Kunst seine Befriedigung findet, ja, daß Staat und Kirche selbst erst in ihr zur Verklärung gelangen, da nur sie in beiden das von allen Parteizerklüftungen und konfessionellen Streitigkeiten unberührbare Ideal erfaßt. Die Spitze der Kunst aber ist das Drama, und das Drama kommt freilich nicht erst durch das Theater zur Entfaltung, wie man gern behauptet, obgleich schon Aristoteles das Gegenteil sagt, wohl aber nur mittelst desselben zur ganzen und vollen Wirkung. Es kann daher nie gleichgültig sein, wie es beschaffen ist, denn wenn es, wie in unseren Tagen, Charakter und Würde bis auf den Grad einbüßt, daß die Bildung sich mit Ekel und Widerwillen von ihm abwenden muß, so ist eben auch der letzte Tempel zertrümmert worden, in dem man sich noch in schöner Gemeinschaft zusammenfand, um das zu verehren, was »die Welt im Innersten zusammenhält«, und man hat nur noch die Wahl zwischen dem trivialen Spaß, dem denn auch so viele nachrennen, und der tiefsten Einsamkeit.

Wir sind, um einen Ausdruck von dem alten Tieck zu entlehnen, endlich ganz unten im Keller, wo die Ratten hausen, die faulen Dünste ziehen und das schmutzige Wasser sickert, an der Hand unserer Musageten angelangt und müssen nach dem allgemeinen Naturgesetz, das den Stillstand ausschließt, wieder hinauf. Dies wird selbst von *der* Seite zugegeben, die es gewiß bis zum letzten Augenblick verhehlt und verheimlicht hat. Die Theaterdirektoren haben in Dresden getagt und die Unhaltbarkeit des jetzigen Zustandes offen vor ganz Deutschland bekannt. Nur ist es ihnen dabei gegangen, wie es in der Beichte öfter gehen soll. Sie haben sich länger bei den fremden, als bei den eigenen Sünden aufgehalten, sie haben uns erstaunlich viel von den Umtrieben der Theateragenten erzählt, aber sehr wenig von dem eigenen Schlendrian, durch den diese allein möglich wurden, und sie schrien doch in Wahrheit nur über das Schwert, das sie sich selbst in die Brust gestoßen hatten. Nichtsdestoweniger trafen sie den rechten Punkt, denn gerade diese Unterhändler mit ihren schmutzigen Winkelblättern sind schuld daran, daß die Kluft zwischen dem Dichter, der sie verachtete und verschmähte, und den Bühnenvorständen, die ihrer nicht entbehren zu können glaubten, allmählich so groß geworden ist. Die Faiseure, die Rollen schreibenden Schauspieler sowohl, wie die »bearbeitenden« Übersetzer und die vom Roman und der Reisenovelle zum Theaterstück herüberspringenden Literaten erkannten sie willig als Patrone an, und nun war das Kind des

Hauses bald verdrängt, um dem Bastard Platz zu machen. Denn nicht allein, daß die plattesten Machwerke den poetischen Produktionen den Zutritt versperrten, das Publikum verlor auch die Empfänglichkeit für sie, und wenn sie sich einmal bis zu den Lampen hindurch arbeiteten, so wurden sie angestarrt wie der steinerne Gast, der auf der Maskerade erscheint, und dienten nur dazu, den Triumph der Gemeinheit zu erhöhen und in gewisser Art als einen wohlberechtigten zu bestätigen. Man braucht die Kirche nur in einen Ballsaal zu verwandeln, so will jedermann auch auf der Kanzel statt des Predigers den Spielmann sehen, und man braucht nur fünfzigmal die »Grille« zu geben, um sicher zu sein, daß der »Prinz von Homburg« nicht gefällt, wenn man ihn folgen läßt. Sobald das ideale Drama aber auf dem Theater keinen Boden mehr findet, hat dieses auch aufgehört zu existieren, und es ist ganz einerlei, ob der Hund des Aubry, dem Goethe einst weichen mußte, seine Künste darauf treibt, oder ob die Menschen-Daguerreotypie in Schröders oder Ifflands Sinn darauf gepflegt wird. V S

118. Das bürgerliche Trauerspiel ist in Deutschland in Mißkredit geraten, und hauptsächlich durch zwei Übelstände. Vornehmlich dadurch, daß man es nicht aus seinen *inneren*, ihm allein eigenen Elementen, aus der schroffen Geschlossenheit, womit die aller Dialektik unfähigen Individuen sich in dem beschränktesten Kreis gegenüberstehen, und aus der hieraus entspringenden schrecklichen *Gebundenheit des Lebens* in der *Einseitigkeit* aufgebaut, sondern es aus allerlei *Äußerlichkeiten*, z. B. aus dem Mangel an Geld bei Überfluß an Hunger, vor allem aber aus dem

Zustammenstoßen des dritten Standes mit dem zweiten und ersten in Liebesaffären, zusammengeflickt hat. Daraus geht nun unleugbar viel Trauriges, aber nichts Tragisches hervor, denn das Tragische muß als ein von vornherein mit Notwendigkeit Bedingtes, als ein, wie der Tod, mit dem Leben selbst Gesetztes und gar nicht zu Umgehendes, auftreten; sobald man sich mit einem: *Hätte* er (dreißig Taler gehabt, dem die gerührte Sentimentalität wohl gar noch ein: wäre er doch zu mir gekommen, ich wohne ja Nr. 32, hinzufügt) oder einem: *Wäre sie* (ein Fräulein gewesen usw.) helfen kann, wird der Eindruck, der erschüttern soll, trivial, und die Wirkung, wenn sie nicht ganz verpufft, besteht darin, daß die Zuschauer am nächsten Tage mit größerer Bereitwilligkeit als sonst ihre Armensteuer bezahlen oder ihre Töchter nachsichtiger behandeln, dafür haben sich aber die resp. Armenvorsteher und Töchter zu bedanken, nicht die dramatische Kunst. Dann auch dadurch, daß unsere Poeten, wenn sie sich einmal zum Volk herniederließen, weil ihnen einfiel, daß man doch vielleicht bloß ein Mensch sein dürfe, um ein Schicksal, und unter Umständen ein ungeheures Schicksal haben zu können, die gemeinen Menschen, mit denen sie sich in solchen verlorenen Stunden befaßten, immer erst durch schöne Reden, die sie ihnen aus ihrem eigenen Schatz vorstreckten, adeln, oder auch durch stöckige Borniertheit noch unter ihren wirklichen Standpunkt in der Welt hinabdrücken zu müssen glaubten, so daß ihre Personen uns zum Teil als verwunschene Prinzen und Prinzessinnen vorkamen, die der Zauberer aus Malice nicht einmal in Drachen und Löwen und andere respektable Notabilitäten der Tierwelt, sondern in schnöde

Bäckermädchen und Schneidergesellen verwandelt hatte, zum Teil aber auch als belebte Klötze, an denen es uns schon wundernehmen mußte, daß sie Ja und Nein sagen konnten. Dies war nun, womöglich, noch schlimmer, es fügte dem Trivialen das Absurde und Lächerliche hinzu, und obendrein auf eine sehr in die Augen fallende Weise, denn jeder weiß, daß Bürger und Bauern ihre Tropen, deren sie sich ebensogut bedienen, wie die Helden des Salons und der Promenaden, nicht am Sternenhimmel pflücken und nicht aus dem Meer fischen, sondern daß der Handwerker sie sich in seiner Werkstatt, der Pflüger sie hinter seinem Pflug zusammenliest, und mancher macht wohl auch die Erfahrung, daß diese simplen Leute sich, wenn auch nicht aufs Konversieren, so doch recht gut aufs lebendige Reden, auf das Mischen und Veranschaulichen ihrer Gedanken, verstehen. Diese beiden Übelstände machen das Vorurteil gegen das bürgerliche Trauerspiel begreiflich, aber sie können es nicht rechtfertigen, denn sie fallen augenscheinlich nicht der Gattung, sondern nur den Pfuschern, die in ihr gestümpert haben, zur Last. Es ist an und für sich gleichgültig, ob der *Zeiger* der Uhr von *Gold* oder von *Messing* ist, und es kommt nicht darauf an, ob eine in sich bedeutende, d. h. symbolische, Handlung sich in einer niederen, oder einer gesellschaftlich höheren Sphäre ereignet. Aber freilich, wenn in der heroischen Tragödie die *Schwere* des *Stoffs*, das Gewicht der sich unmittelbar daran knüpfenden Reflexionen eher bis auf einen gewissen Grad für die *Mängel der tragischen Form* entschädigt, so hängt im bürgerlichen Trauerspiel *alles* davon ab, ob der *Ring* der tragischen *Form* geschlossen, d. h. ob der Punkt erreicht wurde, wo uns einesteils nicht mehr die kümmerliche Teilnahme an dem *Einzelgeschick* einer von dem Dichter willkürlich aufgegriffenen Person zugemutet, sondern dieses in ein *allgemein menschliches*, wenn auch nur in extremen Fällen so schneidend hervortretendes aufgelöst wird, und wo uns anderntteils neben dem *Resultat* des Kampfes zugleich auch die *Notwendigkeit*, es gerade auf *diesem* und keinem andern Wege zu erreichen, entgegentritt. Hiernach wäre denn auch bei meinem Stück allein zu fragen, nicht aber nach der sogenannten »blühenden Diktion«, diesem jammervollen bunten Kattun, worin die Marionetten sich spreizen, oder nach der Zahl der hübschen Bilder, der Prachtsentenzen und Beschreibungen und anderen Unterschönheiten, an denen arm zu sein die erste Folge des Reichtums ist. VS

119. Es hat wohl kein Deutscher, der die Macht des Theaters, seinen stillen Einfluß auf das Volk und die hieraus entspringende Rückwirkung auf das sich entwickelnde dramatische Kunstgenie zu würdigen weiß, dem Verfall und glänzenden Untergang des unsrigen mit Gleichgültigkeit zugesehen. Das Schauspiel einer Nation, in würdiger Bedeutung aufgefaßt, repräsentiert sie in ihrem Selbstbewußtsein; es ist der Brennspiegel, der die einzelnen Ausstrahlungen ihrer innersten Wesenheit, wie die vorüberwandelnde Geschichte sie aus der Tiefe hervorlockt, auffängt, der sie verdichtet und konzentriert und so ein Jahrhundert durch das andere entzündet, eine leuchtende Tat durch die andere ins Leben ruft. Die Tragödie stellt ein Volk in seinem Verhältnis zu den wichtigsten Aufgaben sowohl seiner selbst, wie der Menschheit überhaupt dar. Die Ko-

mödie malt es in seinen notwendigen Verirrungen und Abnormitäten, in seinen erdwärts gekehrten Richtungen und Bestrebungen; nur beide, in ihrer gemeinschaftlichen Ausbildung, in ihrer Erhaltung auf gleicher Höhe, erschöpfen seinen Gesamtinhalt und geben ein treues, ewiges Bild seines Wollens und Könnens, seines Schwankens und Erliegens. Dies ist der Punkt, den die dramatische Dichtkunst ins Auge fassen muß, wenn sie wirken will; zwar mag ein noch höheres Drama denkbar sein, eine Tragödie, die es nur mit dem reinen Menschen, dem Menschen an sich, in seiner zweifelhaften Stellung zu Gott und Natur, zu tun hat, eine Komödie, welche die Nationalitäten selbst in den Sarg legt und die Leichen buntscheckig aufputzt. Doch ist es noch die Frage, ob die Kunst bei einer so allgemeinen Herrschaft der Humanitätsidee, wie sie jener Zustand voraussetzt, überall fortexistieren kann, und jedenfalls ist die Zeit, wo diese geisterhafte Herrschaft eintreten wird, noch fern, obgleich die Literatur manches dramatische Gedicht entstehen sah, das für sie bestimmt zu sein scheint.

Tieck tat schon vor vielen Jahren, bei Gelegenheit einer Claurenschen Miserabilität, den Ausspruch, wir seien endlich im Keller angelangt und müßten wieder hinauf. Er hatte in seinem Ausspruch recht, leider aber nicht in der Hoffnung, die er daran knüpfte. Weit entfernt, den Keller eilig zu verlassen, haben wir es unten ganz bequem gefunden, wir haben uns, so gut es ging, eingerichtet und sind gräßlich zufrieden. Wollen sich Schiller und Goethe einmal aus dem Exil heranwagen, so tritt ihnen Nestroys Plumpuddings-Genius in den Weg, dem sie dann freilich auch bescheiden weichen; Shakespeares und Calderons Zauberwelten ersticken schon in der Geburt an dem Kopfschütteln des Maschinenmeisters, der seine Mittel für Raimunds Tollhausspuk zusammenhalten muß. Seien wir aber auch gerecht, erinnern wir uns, daß unser Theater, trotz der großen Kräfte, die sich ihm zuwandten, auch in seiner glänzendsten Zeit nicht war, was es sein sollte, und dies nicht ganz aus eigener Schuld. Ein Lustspiel hatten wir niemals, Possen und Albernheiten vertreten dessen Stelle, und die Kritik selbst, wenn wir die Schlegelsche ausnehmen, schien es nicht zu ahnen, daß Tragödie und Komödie aus einer und derselben Wurzel hervorsprossen, und die erstere sich durchaus nicht in ihrer ganzen Größe entfalten kann, wenn die letztere hinter ihr zurückbleibt. Den Begriff des Lustspiels auf die enge etymologische Bedeutung seines Namens beschränkend und aus dem zufälligen Ausbleiben des Dichters die innere Unmöglichkeit des Gedichts ableitend, bildeten wir uns ein, wir könnten kein Lustspiel haben, da doch eben wir aus Gründen, die sich nicht im Vorübergehen entwickeln lassen, das beste haben sollten und müßten. Unsere Tragödie dagegen wollte den zweiten Schritt vor dem ersten tun: es behagte ihr nicht, von unserem eigenen Grund und Boden die Welt zu erobern, sie zog es vor, als heimatlose Vagantin bei allen Völkern der Erde umherzuziehen, und erst, nachdem sie sich überzeugt hatte, daß man von Bettelbrot nicht fett wird, kehrte sie beschämt an die Brust ihrer Mutter zurück. Aber, inzwischen war in Deutschland der Enthusiasmus, der sich selten oder nie wieder erwecken läßt, verraucht, und als Wallenstein und Wilhelm Tell, als die Hermannsschlacht und der Prinz von Homburg erschienen, war nicht mehr an die zur Zeit der

Iphigenien vielleicht mögliche Verschmelzung des Theaters mit dem Leben zu denken. Man hatte sich gewöhnt, die Bühne als Zeitvertreib zu betrachten, und was zum Zeitvertreib hinabsinkt, ist meistens für immer degradiert. Daher kam alles Unheil; daher kam es, daß seit langer Zeit Hunde und Affen, Taschenspieler und moderne Athleten dort ihre Triumphe feierten, wo die Kunst ihre tiefsinnigsten Orakel verkünden und wo ein Volk im stillen Genuß seiner selbst, in der gelinden Anspannung aller seiner Kräfte und in der Empfindung seiner geheimsten Sympathien und Antipathien sich erfrischen und erheben sollte. vs

120. Den Wahnsinn aufs Theater bringen! Man könnte ebensogut das, was aus Aas und Würmern sich in einem Sarg durcheinander ringelt, zum Gegenstand eines Gemäldes machen. Es gibt Grenzen der Darstellung, es gibt einen Punkt, wo die höchste Wahrheit die höchste Sünde ist, denn es gibt Momente, wo die Natur unbelauscht bleiben will und wo der Mensch sich durch einen einzigen Blick, der sich in ihr Mysterium hineinstiehlt, aufs gröblichste an ihr versündigt, und zwar deshalb, weil dieser Blick dasjenige voreilig schon zu etwas macht, was erst etwas werden soll. T

121. *Über die sogenannten politischen Demonstrationen bei theatralischen Vorstellungen*
Börne pries es einmal höchlich an den Franzosen, daß sie jede Stelle eines Dichterwerks, die sich gesucht oder ungesucht auf die Verhältnisse der Gegenwart anwenden läßt, herausfühlen und eine Demonstration daran knüpfen. Wir

sind in Deutschland jetzt soweit gekommen, daß wir dies ebenfalls tun, ob wir das aber preisen und uns dazu Glück wünschen sollen, ist die Frage.

In einem Staat, der absolutistisch regiert wird und darum der öffentlichen Meinung den nächsten Weg, sich geltend zu machen, durch Vorenthaltung der Preßfreiheit oder Reduzierung derselben auf ein Nichts abschneidet, ist es ganz natürlich, wenn sie sich auf andere Weise Bahn zu brechen sucht. Daß dazu vor allem das Theater Gelegenheit darbietet, ist einleuchtend, denn wie ängstlich es auch überwacht und dadurch zur Karikatur seiner selbst herabgesetzt werden möge: es sind gar keine Dramen denkbar, in denen nicht einzelne Äußerungen eine doppelsinnige Auslegung und Auffassung gestatteten.

Ganz anders steht es aber im konstitutionellen Staat, in welchem jeder Gedanke, der begründet werden kann, auch berechtigt ist und vermöge der Preßfreiheit auf offener Heerstraße in voller Waffenrüstung einherziehen darf, nicht aber beim Dämmerlichte in dem einen oder dem anderen unüberwachten Winkel des gesellschaftlichen Gebäudes wie ein Gespenst herumzuspuken braucht. Wozu hier die Umwege? Warum das Theater aus einem Tempel der Kunst in ein Forum verwandeln? Warum den Tribun in Shakespeares Coriolan suchen, den man im Journal hat? Warum einem Dichterausspruch Gewalt antun, wenn man selbst nur den Mund zu öffnen braucht, um sich Luft zu schaffen? Wäre hierzu wirklich eine Notwendigkeit vorhanden, so müßte der Staat aufgehört haben, ein konstitutioneller zu sein.

Man könnte einwenden, durch die Akklamation, die

nicht einem Kunstwerk als solchem gilt, sondern die sich auf das zufällige Verhältnis des Kunstwerks oder irgend einer Einzelheit desselben zu den Tagesfragen bezieht, solle nur hervorgehoben werden, daß der Dichter mit der Ansicht dieser oder jener Partei übereinstimme und sie also moralisch verstärke. Das hieße denn jedenfalls denselben Gebrauch vom dramatischen Gedicht machen, den man in Rom bei einer Belagerung einst von den Bildsäulen machte, welche man von der Engelsburg aus den Feinden bekanntlich auf die Köpfe warf. Dieser Gebrauch ist nun von dem ursprünglich beabsichtigten sehr verschieden; er wäre aber noch nicht absolut unverständig, wenn Dichtersprüche nur ebenso sicher in der geistigen Schlacht träfen, wie jene Bildsäulen in der materiellen ohne Zweifel getroffen haben. Das ist aber nicht der Fall.

Um dies zu begreifen, muß man den Bau des Dramas näher ins Auge fassen. Schon die einfache Wahrnehmung, daß die auftretenden Personen sich alle gegenseitig bedingen und beschränken, daß also keine in dem, was sie tut, ganz recht oder ganz unrecht hat, sollte darauf führen, daß auch keine in dem, was sie ausspricht, ganz recht oder ganz unrecht haben kann. Diese Wahrnehmung wird aber doch niemand entgehen. Wenn in Shakespeares Heinrich IV. z. B. der junge Percy den Entscheidungskampf wagt, bevor noch die nötige Macht zusammengebracht wurde, und wenn im Gegenteil sein Vater Northumberland mit seinem Aufbruch zum Heer so lange zögert, bis der günstige Moment vorübergegangen ist, so stellen beide zusammen die menschliche Natur in zwei Extremen dar und begehen darum entgegengesetzte Fehler. Wollte man nun dem einen

zujauchzen, weil er die Bedächtigkeit des Alters ver-
wünscht, oder dem andern, weil er den Ungestüm der Jugend verdammt, so würde das freilich zeigen, ob man noch
zu den Jünglingen oder schon zu den Greisen gehört, es
würde aber zugleich dartun, daß man den Sinn des Dichters
gar nicht verstanden habe, der den Percy und den Northumberland nur deswegen einander gegenüberstellte, weil
er die Einseitigkeit des einen durch die des anderen auflösen
mußte. Das Drama beruht eben auf dem Gegensatz und
schöpft aus diesem seine ganze Kraft. Bös und Gut, Verstand und Leidenschaft rufen einander mit Notwendigkeit
hervor und müssen mit gleich frischen Farben und in gleich
scharfen Umrissen vorgeführt werden. Wer aber wissen
will, was der Dichter selbst beabsichtigte und meinte, der
halte sich nicht an einen der einzelnen Charaktere und an
dessen Schlag- und Wurzelworte, sondern er fasse die
Gruppierung derselben zu einem zusammenhängenden
Ganzen ins Auge; er knüpfe seine Sympathien oder Antipathien nicht an einen schwarzen oder einen roten Pinsel-
strich, er entziffere das Bild. Ja, auch dies ist noch nicht genug. Denn jedes Kunstwerk, wie umfassend und reich es
immer sei, gibt nur ein Segment des Kreises, der die Weltanschauung des Dichters abspiegelt, nicht den Kreis selbst.
Dieser umfaßt vielmehr alle Segmente und bedingt und beschränkt sie, setzt zur Relativität herab, was sich an seinem
Ort für absolut zu geben schien. Wer daher den Dichter
wahrhaft ergründen will, der muß sich auf einen Standpunkt zu stellen wissen, auf dem alle seine Werke als Ringe
erscheinen, die genau miteinander zusammenhängen und
eine Kette bilden.

Es wird aus dieser einfachen Entwicklung, die sich der tieferen philosophischen Deduktion absichtlich enthält, klar geworden sein, daß zwischen dem dramatischen Dichter und den einzelnen Personen seines Stücks ein Unterschied besteht, den man sich gar nicht groß genug vorstellen kann, und daß also nicht Shakespeare ein Zeugnis ablegt, wenn Percy spricht. Man könnte nun glauben, das Manöver, das uns hier beschäftigt, sei jedenfalls, wenn es auch auf einem Mißverständnis beruhe, unschuldig und unschädlich. Aber darin würde man sehr irren. Ich will gar nicht davon reden, daß die Ängstlichkeit der in der einen oder der andern Form an allen Orten und zu allen Zeiten gebliebenen und bleibenden Theaterzensur dadurch notwendig bis zu einem unberechenbaren Grade gesteigert werden muß. Das ist nur ein Nebenpunkt, obgleich kein unwichtiger. Aber ich will auf zwei andere Konsequenzen hinweisen, deren bedeutungsvolle Schwere niemand in Abrede stellen wird.

Die erste Folge ist die: Wenn das Publikum sich einmal gewöhnt, diese oder jene Einzelheit aus dem Drama herauszureißen und, ohne sich um den Zusammenhang mit dem Kunstorganismus zu kümmern, ohne sich an das Vorher und Nachher zu kehren, das rohe Element heißhungrig zu verschlingen, so wird es sich bald ganz und gar in die Einzelheiten verrennen. Nach der Tapete wird niemand mehr fragen, nur nach dem einzelnen Faden. Ist er hübsch vergoldet, so wird man jubeln, wenn er zum Vorschein kommt; ist er schlicht und einfach, so wird man die Achseln zucken; ist er gar mißfarbig, so wird man murren. Daraus ergibt sich nun von selbst, daß der Künstler gar keine *Probleme* mehr auf-

stellen kann. Denn es ist unmöglich, daß Rätsel und Auflö-
sung im Drama unmittelbar zusammenfallen, und wer die
letztere nicht abzuwarten vermag, der muß das erstere freilich unerquicklich finden. Es ergibt sich daraus aber auch
weiter, daß er jeden Augenblick Anstoß erregen muß, besonders in der sittlichen Region. Ja es ist sicher, daß die
mehr und mehr überhand nehmende Prüderie, welche vor
Dingen zusammenschaudert, die zu den Zeiten Schillers
und Goethes noch so unschuldig gefunden wurden, wie sie
wirklich sind, in diesem Klebenbleiben an der Einzelheit
ihren Hauptgrund hat. Das ist auch höchst natürlich. Wenn
relativ gemeinte, durch die Einseitigkeit der Charaktere
und den Drang der Situationen bedingte Darstellungs-
momente, Aussprüche und Bilder, die im Fortgang der
Entwicklung ihr Gegengewicht erhalten, als absolute aufgenommen werden, so kann es gar nicht ausbleiben, daß
man mit Abscheu verwirft, was man sonst vielleicht mit
Ehrfurcht vor dem dialektischen Läuterungs- und Klä-
rungsprozeß bewundern würde.

Die zweite Folge, die ich jetzt aber wohl kaum noch hervorzuheben brauche, ist die, daß damit die Kunst aufhört,
daß alle und jede Grenze zwischen dem wahren und dem
Aftertalent verrückt, daß der heillosesten Pfuscherei Tür
und Tor geöffnet und so in kürzester Frist eine vollkom-
mene Barbarei herbeigeführt wird. Wer nicht imstande ist,
eine runde, in sich abgeschlossene Schöpfung zu erzeugen
und sie mit warmblütigen Gestalten zu beleben, der schlägt
eine Welt von Brettern zusammen, schiebt Automate hinein und läßt diese eine Menge von prickelnden Anspielungen und Beziehungen auf die Tagesinteressen ausschütten.

Man jubelt ihm zu, wenn er's trifft, was kaum mißlingen kann, und der elendeste Stümper trägt den Kranz davon, der dem Künstler gebührt, dieser aber geht leer aus, da die Sympathien für Puppen und für lebendige Menschen sich gegenseitig notwendig ausschließen. vs

122.
Packe den Menschen, Tragödie, in jener erhabenen Stunde,
   Wo ihn die Erde entläßt, weil er den Sternen verfällt,
Wo das Gesetz, das ihn selbst erhält, nach gewaltigem
                         Kampfe,
   Endlich dem höheren weicht, welches die Welten regiert;
Aber ergreife den Punkt, wo beide noch streiten und
                         hadern,
   Daß er dem Schmetterling gleicht, wie er der Puppe
                         entschwebt.

Über Dichter und Bücher

123.

Mensch, ergründe die Welt und nicht die Bücher, wie viel

sie

Auch enthalten, es ward stets aus der Welt ja geschöpft,

Und, du magst es mir glauben, ich habe es selber erfahren,

Sagt sie dir es nicht auch, ist es für dich nicht gesagt.

124. *Autobiographien*

Ich lege einen außerordentlichen Wert auf Autobiographien und bin der Meinung, daß wir in diesem Gebiet bei
uns noch lange auf Masse zu sehen haben werden, während
wir in manchem anderen schon ruhig das grobe Sieb mit
dem feinen, ja das feine mit dem allerfeinsten vertauschen
dürfen. Denn was hätten wir hier aufzuzeigen? In neuerer
Zeit fast gar nichts. Mir ist nicht unbekannt, daß das letzte
Dezennium unseren Vorrat scheinbar um ein Beträcht-
liches vermehrt, und daß selbst die Gelehrtheit uns einiges
in die Wirtschaft geschenkt hat. Aber wenn wir genauer
prüfen, so finden wir, daß wir ein Produkt vor uns haben,
was sich von der zweideutigen, weit gestrickten Nekrolog-
arbeit kaum unterscheidet. Das Individuum spricht freilich
selbst, statt des überlebenden guten Freundes und Kollegen, der der Welt sonst durch die Zeitung den unersetz-
lichen Verlust gemeldet und im Predigerton die sämtlichen
Tugenden aufgezählt hätte, die mit dem Herrn Professor

begraben wurden. Aber das ist auch alles, denn der gelehrte Mann hat eine so schreckliche Scheu vor dem »Unbedeutenden«, daß er auf die Resultate losrennt, als ob er gehetzt würde. Da wird uns denn natürlich nur ein Weg gemalt, den wir alle kennen und dessen Stationen das Maturitätsexamen, die Promotion, die Ernennung zum Ordinarius und die Dekorierung mit der Verdienstmedaille sind. Höchstens wird zwischen den Zeilen noch herablassend zu verstehen gegeben, daß man sich als Gymnasiast einmal an einem Apfeldiebstahl beteiligt, als Student ein Glas über den Durst getrunken, und noch als Ordinarius über dieses und jenes seine eigenen Gedanken gehabt hat. Das Interesse, das eine Autobiographie, und eine Biographie überhaupt einflößen kann, beruht aber so gewiß auf dem Detail, auf dem treuen Veranschaulichen der an sich geringfügigen Einzelheiten, als das Leben selbst in Jahre, Monate, Wochen und Tage zerfällt und von diesen getragen wird. Ja, dies Interesse setzt nicht einmal notwendig eine außerordentliche oder auch nur eine bedeutende Persönlichkeit voraus; ein einfacher Mensch, der uns all die Steinchen beschreibt, über die er strauchelte, wird es sicherer erregen, als ein mit Siebenmeilenstiefeln ausgerüsteter Halbgott, für den der Ozean ein Rinnstein ist und der Chimborasso ein Sandkorn. Es ist das Amt der Geschichte, über die letzten Ergebnisse aller wichtigeren Lebensprozesse Buch zu führen und den reinen Gewinn zu verzeichnen, den sie abwerfen; die Biographie soll sie selbst darstellen. Die Geschichte braucht sich um das Individuum gar nicht mehr zu kümmern, wenn sie ihr Geschäft versieht; oder wie wäre vom höheren Standpunkt aus die Notwendigkeit nachzuwei-

sen, neben dem Blitzableiter auch nur den Namen des
Erfinders in ihr Register einzutragen? Die Biographie soll
es aber liebevoll und treu auf jedem seiner Schritte begleiten
und sich mit Benjamin Franklins Fehlversuchen ebenso an-
gelegentlich, ja angelegentlicher beschäftigen, wie mit dem
letzten, der gelang und ein unverlierbares Eigentum der
Wissenschaft geworden ist. Der Nekrolog sucht sich in die
Mitte zu stellen und tut auf der einen Seite zu viel, auf der
andern zu wenig. v s

125. *Wörterbücher*

Wir besitzen manches Wörterbuch der deutschen Sprache,
und darunter zwei, die sich bis auf den gegenwärtigen Tag
in Ansehen erhielten, nämlich das Adelungsche und das
Campesche. Mag Adelung, der mit Christian Fürchtegott
Gellert das goldene Alter unserer Literatur abschloß und
sich noch obendrein nach seiner Versicherung das poetische Vermögen recht wohl ohne Verstand denken konnte,
Schillers und Jean Pauls scharfen Spott auch im reichlich-
sten Maße verdienen; mag Campe, der lieber die Braun-
schweiger Mumme als alle Tragödien der Welt erfunden
haben wollte, ein Pedant gewesen sein, der selbst mit Gottsched um den ersten Platz ringen könnte: nach einer Seite
hin war die Leistung der beiden wackeren Gelehrten vortrefflich! Sie zählten der Nation den kuranten Sprachschatz
bar und blank auf dem Brette vor, sie fragten die Wörter
nicht nach dem Woher und Wohin, aber sie bestimmten
ihren Wert oder vielmehr ihre Geltung im Handel und
Wandel und setzten jedermann in den Stand, sich ihrer zu
Hause, wie auf dem Markt, mit Sicherheit zu bedienen. Der

Dichter, der bei ihnen angefragt hätte, wäre verloren gewesen, aber ihn warnte auch sein Instinkt, sich an Männer zu wenden, die ihre gänzliche Poesielosigkeit mit Stolz, wie einen ihnen schon bei der Geburt umgehängten Orden, offen zur Schau trugen; den Kauf- und Geschäftsmann ließen sie nie im Stich. Damit war freilich nicht alles geschehen, denn die Sprachbildung ist keineswegs ausschließlich ein logischer, sondern ein Lebensprozeß, Adelung und Campe hatten aber nur, was rein logisch daran ist, in ihre Schleußen hineingeleitet, sie hatten das Knochengeripppe, das dem Sprachkörper Bestand und Halt gibt, auf Draht gezogen, sich aber um die Weichteile, die im ewigen Wechsel begriffen sind, und um das Blut, das den ganzen Organismus ernährt und erfrischt, nicht gekümmert. Sie hatten keine Ahnung davon, daß sich in der Sprache das Mysterium der Schöpfung wiederholt, und daß sie eben darum, wie diese selbst, auf Notwendigkeit und Freiheit zugleich beruht; sie begriffen nicht, daß die verhaßte Poesie, gegen die sie einen Damm aufführen wollten, schon materialiter in jedem Worte steckt, indem jedes irgend ein Objekt des Geistes abbildet oder doch abbilden will, und daß der Dichter die allgemeinen Bilder nur zusammenschiebt, um sein besonderes zustande zu bringen; sie stempelten Quecksilberkügelchen, die ineinanderrinnen, sowie sie sich berühren. Es konnte daher gar wohl auf ihre Wörterbücher, selbst wenn sie noch nicht vergriffen gewesen wären, ein drittes folgen, aber soviel ergibt sich von selbst, daß dieses nicht um einen oder zwei Schritte über sie hinausgehen, sondern einen ganz neuen Weg einschlagen mußte; eine bloße Hungerharke, wie man im nördlichen Deutschland das bettelhafte Instrument nennt, mit dem man die beim Aufladen der Garben liegen gebliebenen zerstreuten Ähren zusammenkratzt, durfte es nicht sein. Die Gebrüder Grimm geben dies dritte Wörterbuch heraus, und wer hätte nicht große Hoffnungen an ihr Werk geknüpft, bevor es erschien! Was war bei der außerordentlichen Vertrautheit dieser Männer mit deutscher Mythologie, deutscher Sage und deutscher Geschichte nicht auch alles zu erwarten! Hier, so durfte man glauben, wird man die interessantesten Perspektiven nach allen Richtungen hin eröffnet finden! Hier wird man zunächst sehen, wie der germanische Geist mit dem romanischen und slavischen im etymologischen Kampf um die schärfsten Linien und die brennendsten Farben ringt. Hier wird weiter veranschaulicht werden, wie er sich nach und nach, gesättigt und mit dem Gewinn zufrieden, in sich zusammenschließt und sich dann nach Jahrhunderten wieder gegen die Nachbarn auftut, um von den ehemaligen Feinden in nicht mehr gefährlichem Austausch zu nehmen und ihnen zu geben. Hier wird die ganze Entwicklung der Nation mit jedem ihrer entscheidenden Momente zum Ausdruck gelangen, denn jedes gab der Sprache in irgend einem Ausläufer ein bestimmteres Gepräge. Mit einem Wort: es ist zweifelhaft, ja es ist gar nicht möglich, daß der Buchstabe Z erreicht wird, aber wenn wir auch nur bis zum M kommen, so haben wir mehr über deutsche Art und deutsches Wesen beisammen, als sich aus Dutzenden von Geschichtswerken herausklauben läßt. So dachte man, doch anders ist es ausgefallen. Der Buchstabe Z wird sicher erreicht werden, aber weiter auch

nichts. Wir haben Adelung und Campe in vervollständigter
Gestalt vor uns und letzteres nicht einmal überall.　v s

126.　*Mikrologie*
Es wird seit Jahren von den Buchhändlern ein förmlicher
Handel mit den Reliquien Schillers und Goethes getrieben,
der alle Grenzen überschreitet. Wenn der Friseur der
beiden Herren die ihnen abgeschnittenen Haare aufbe-
wahrt hätte, der Kammerdiener ihre Nägel, der Trödeljude
ihre abgelegten Kleider und die drei Spekulanten nun unter
dem Aushängeschilde der Pietät mit diesen wertlosen
Resten brüderlich ein Geschäft etablierten, so würden sie
die Verleger, die mit dem Inhalt ihres bestaubten Papier-
korbs wuchern, kaum überbieten. Was ist nicht alles ge-
druckt worden, und was mag noch bevorstehen! Wer
gedenkt nicht mit Entsetzen dieses Brief- oder richtiger
Zettelwechsels zwischen Goethe und der Frau von Stein,
aus dem man erfährt, was der Gott an dem und dem Tage
gegessen und getrunken, und ob er das Kompott zum Diner
selbst geliefert hat oder nicht! Wer schaudert nicht, wenn er
sich erinnert, daß bei Gelegenheit der Säkularfeier des
Dichters schon seine Knabenexerzitien aus vergilbten
Schreibbüchern herausgeklaubt und vor ganz Europa
herum präsentiert worden sind! Während die beiden Männer, welche Deutschland in künstlerischer Beziehung zur
Ebenbürtigkeit mit den übrigen Nationen erhoben, unter
ihrem Volk lebten und wirkten, ließ man sie ruhig Spieß-
ruten laufen und glaubte schon viel zu tun, wenn man die
literarischen Gassenjungen nur nicht durch Händeklat-
schen und Bravorufen in ihrer Frechheit bestärkte; jetzt

macht man Dalai Lamas aus ihnen. Das ist eine Satisfaktion, für die sie sich bedanken würden, und da sie selbst nicht mehr protestieren können, so muß die besonnene Kritik es in ihrem Namen tun. v s

127. *Ödipus* von Sophokles
Was mir als das eigentümlichste und das wahrhaft Ewige und Nacheiferungswerte aus diesem großen Gemälde entgegentritt, ist die unendliche Reinheit der Zeichnung und des Kolorits, die unvergleichliche Sorgfalt, womit der Dichter die verschiedenen Zustände auseinander zu halten gewußt hat. Dies tritt besonders in dem Verhältnis des Ödipus zu seinen undankbaren Söhnen hervor; jeder Neuere hätte das Höllengefühl des unseligen Vaters noch mit den Sünden der Söhne getränkt und ihn ihre Frevel als die Strafe der seinigen empfinden lassen. Aber der Ödipus des Sophokles weiß, daß mit jedem neuen Menschen ein neuer Taten- und Schicksalskreis beginnt, und während er vor dem Fatum anbetend und duldend im Staube liegt, flucht er nichtsdestoweniger der Hand, die die dunkle Sentenz an ihm vollstreckte. Dies ist bewunderungswürdig. Dem Weltall, bekannten und unbekannten Göttern gegenüber fühlt er sich nur sündig (nicht Sünder), aber als ihm Eteokles entgegentritt, fühlt er sich nur als Vater, wohl wissend, daß, das Schicksal sich keiner *vergifteten* Pfeile bedient, daß, wenn sich der Sohn zum Henker aufdrängt, ein neuer (wenn auch vielleicht ebenfalls nicht sowohl aus dem Individuum, als aus der unbegreiflichen Weltordnung hervorgehender) Prozeß anhängig geworden ist. b

128. *Marlowe* kommt zwar nicht Shakespeare, denn mit dem ist er nur scheinbar verwandt, wohl aber Byron bei weitem am nächsten, und hat nicht bloß gedichtet, sondern leider auch, so gut die Verhältnisse es gestatten wollten, gerast und gelebt wie er. Mit Marlowe treten wir, was wenigstens sein Hauptwerk anlangt, in eine ästhetisch reinere Sphäre ein, in diejenige, wo die Einzelschönheit, die drastische Situation, der geniale Zug nicht mehr ihrer selbst wegen gebracht und wo die funkelnde Perle in künstlerischer Weisheit ruhig mit der grauen Erbse vertauscht wird, wenn jene stören könnte und diese genügt. Die sittlichen Schwaden dagegen wollen noch nicht sinken, und da wir das bei einem so bedeutenden, fest in sich selbst gegründeten Geist nicht auf äußere Einflüsse zurückführen dürfen, so sei eine allgemeine Bemerkung über den Gegenstand erlaubt. Man hat die Ausschweifungen der späteren Lustspieldichter, der Wycherley, Congreve, Farquhar usw. immer ausschließlich auf Rechnung der Restauration und Karls des Zweiten gesetzt. Mir scheint, mit Unrecht; sie strömten größtenteils aus derselben Ader, die sich schon sehr reichlich, wenn auch in anderer Form, bei Ford, Webster, Marlowe usw. ergoß, und die in neuester Zeit wieder auch Shelleys Cenci, dieses merkwürdigste dramatische Produkt des modernen England, mit Blut und Kot versehen hat. Ich möchte die ganze Erscheinung, der wir wohl nicht bloß in der Literatur begegnen, aus dem heuchlerischen Puritanismus mit seiner strengen Sonntagsfeier und seinen zügellosen sechs blauen Montagen erklären, aus diesem plumpen Mischmasch von Jerusalem und Babylon, worin die Nation sich gefällt, und sie die zweite englische Krank-

heit nennen; sie erinnert an die maßlosen Unflätereien jener Wahnsinnigen, die trotz ihrer verdorbenen Phantasie prüde und überzüchtig taten, solange sie bei Vernunft waren, und hat den nämlichen Grund. v s

129. *Shakespeare*

Es ist für mich kein Zweifel, daß Shakespeares Zerfließen in unendliche Einzelheiten sich mit der Natur des Dramas nicht verträgt. Vor der höchsten Instanz gilt es gleich, ob in der Kunst ein Fehler auf Königs- oder auf Bettlermanier begangen, ob z. B. ein im ganzen entbehrlicher, obgleich an sich gehaltvoller Charakter gebracht oder eine überflüssige und vielleicht sogar obendrein wichtige Sentenz eingeflickt wird, denn jener Charakter würde Sentenz geblieben und diese Sentenz würde Charakter geworden sein, wenn König und Bettler Reichtum und Armut gegeneinander ausgetauscht hätten. Die Kunst kann sich nicht wie die Natur ins Unermeßliche ausdehnen und die Natur sich nicht, wie die Kunst, ins Enge zusammenziehen; hierin unterscheiden sich beide, und auf diesen Grundunterschied sind alle Gesetze der Kunst, wie die wichtigsten Probleme der Natur, namentlich die Kunst selbst, zurückzuführen. Es folgt daraus für die Kunst zunächst die Notwendigkeit freiwilliger Beschränkung; das singuläre Kunstgebilde muß mit der Natur in Verbindung gesetzt und doch auch wieder von ihr abgeschnitten, die Adern des Universums müssen hineingeleitet und doch auch wieder unterbunden werden, damit die kleine Welt nicht in der großen ertrinkt; darum darf nicht jeder Träger desselben selbständig für sich etwas *sein* wollen, mancher muß sich begnügen, nur etwas zu *bedeu-*

ten. Hiegegen verstößt Shakespeare; er bringt keine Figur hervor, die nicht so viel Blut im Leibe hätte, daß sie nicht das ganze Drama überschwemmen müßte, wenn sie die Hand auch nur an einer Nadel ritzte. Aber diesem außerordentlichen Individuum verzeiht man das, ja man dankt ihm eine Grenzverwirrung, durch die man im Gebiete der Kunst eine unmittelbare Naturwirkung erfährt. Man tut dies jedoch nur, weil man fühlt, daß er nicht anders kann, und protestiert mit Ernst gegen die Konsequenzen, die der Unverstand aus einer so einzigen Ausnahme in seinem Sinn ziehen möchte. VS

130. Ich kann zwar von meiner bei einer früheren Gelegenheit ausgesprochenen Überzeugung, daß Shakespeare dem deutschen Theater Arznei bleiben muß, nicht aber Speise werden darf, noch immer nicht abgehen. Allein er ist trotzdem von unberechenbarer Wichtigkeit für uns, und darum ist es auch nicht gleichgültig, in welcher Gestalt er unter uns erscheint. Daß die Schlegel-Tiecksche Übersetzung viel zu wünschen übrig läßt, besonders derjenige Teil derselben, welcher Tiecks Namen trägt und höchst zweideutigen Ursprungs ist, kann keinem Zweifel unterworfen sein. Ob durch die gemeinschaftliche Tätigkeit der namhaftesten deutschen Dichter und Schriftsteller eine bessere zustande kommen wird, wie Dingelstedt in schönem Vertrauen zur deutschen Einheit erwartet, wird die Erfahrung lehren. Jedenfalls ist die Sache nicht so dringlich. Daß man aber bei der Inszenierung endlich mit der alten Methode entschieden brechen muß, wenn statt des ganzen Shakespeare nicht bloß das psychologische Moment in ihm

zur Geltung kommen soll, steht fest. Denn ein Stück von ihm für die Bühne einzurichten, ist, je nachdem man die Sache faßt, entweder die leichteste oder die schwerste aller Aufgaben. Es wird von Raupach erzählt, daß er, als er seine russische Professur aufgegeben hatte, in Berlin jahrelang Tag für Tag das Theater besuchte, immer den Dichter des Abends sowie den Bleistift in der Hand und jedes Bravo, das der Schauspieler herausquetschte, jedes naßgeweinte Taschentuch, jeden entzweigeklatschten Handschuh sorgfältig an der rechten Stelle im Buch anzeichnend. Man wunderte sich über den Kauz, man lachte ihn aus, aber er ließ sich nicht beirren, denn er hatte den Entschluß gefaßt, für das nächste Dezennium deutscher Bühnenkönig zu werden und sammelte sich auf diese Weise, unbekümmert um Aristoteles und Lessing, das Knallsilber ein, das er später zur Erbauung seines Publikums in seinen »dramatischen Werken ernster und komischer Gattung« mit großem Erfolg verpuffte. Auf dem nämlichen Wege gelangt man zu der Kunst, die Shakespeareschen Dramen in Paraden zu verwandeln, und sie wird, allerdings mit einzelnen rühmlichen Ausnahmen, ein halbes Jahrhundert und länger rüstig geübt. Das gibt noch immer lärmende Aufführungen, von denen sich aber der Kenner, dem es nicht darum zu tun ist, bloße Psychologie in Szene gehen zu sehen, mit Gleichgültigkeit oder Unwillen abwendet. Etwas ganz anderes gehört dazu, sich in das innerste Zentrum dieser riesigen Komposition zu versetzen und sie von da aus ohne Beeinträchtigung der Harmonie in allen Teilen gleichmäßig zusammenzuziehen und der Faßlichkeit näher zu führen. Für diese Kunst hat Dingelstedt in seiner Behandlung des

»Sturmes«, denn gegen den Macbeth wären vielleicht zugunsten Schillers noch einige Einwendungen zu machen, nach meiner auf genauer Prüfung beruhenden Überzeugung die Regel des Polyklet aufgestellt, und damit ist bei der zarten, unendlich leicht verletzlichen Natur des Stückes sehr viel geschehen. v s

131. Shakespeare und kein Ende! möchte man mit Goethe ausrufen, wenn man Abhandlungen an allen Ecken, gleich Pilzen in warmer Sommernacht, aufschießen sieht. Man sollte glauben, Werke so erschöpfender Art wie die von Ulrici und Gervinus, zwischen denen sich selbst die ehrenwerten Rötscherschen Bestrebungen kaum noch behaupten können, hätten auf lange Zeit einen Abschluß bilden müssen, aber sie scheinen ganz umgekehrt zu wirken. Eine neue Shakespearebibliothek tritt der alten auf die Fersen, ehe diese auch nur zum kleinsten Teile verdaut ist, und es geht her, wie an einer Tafel, wo niemand satt wird, weil die Gerichte zu rasch wechseln. Keiner begnügt sich mehr wie ehemals, die paar selbständigen Bemerkungen, die ihm kommen, wenn er sich mit einem Dichter wie Shakespeare beschäftigt, bescheiden als Marginalien in seinem Handbuche des Ulrici oder des Gervinus unterzubringen, oder sie in Form einer Kritik vom Stapel laufen zu lassen. Jedermann muß jetzt ein Buch schreiben und, da dies in den meisten Fällen absolut unmöglich wäre, wenn er vorher mit seinen Vorgängern abrechnen wollte, dabei eine Miene annehmen, als ob diese im Grunde wenig geleistet hätten. Shakespeare ist allerdings ein ungeheures Bildungsmittel und legt jedem Alter, jedem Geschlecht und jeder Partei

Fragen vor, an denen sich die erlangte Reife am besten prüfen läßt. Aber man sollte die Resultate eines solchen Selbstexamens nicht gleich zu Markte bringen, schon darum nicht, weil man gar nicht wissen kann, ob man sein letztes Gesicht überall schon gesehen hat. Denn er hat deren fast ebensoviele wie die Wahrheit selbst, die keinen Schleier trägt, sondern Maske über Maske, und die nur von ihren geweihtesten Priestern ganz entkleidet wird.

Es ist für Shakespeare einstweilen jetzt in Deutschland genug geschehen. Nicht bloß deswegen, weil auf jede Zeile des Dichters bereits ein Alphabet Kommentar kommen dürfte. Es ist wirklich alles Allgemeine gesagt, was zur Verständigung nötig und nützlich war; sein Verhältnis zur Welt wie zur Kunst ist von den verschiedensten Standpunkten aus erörtert, die einzelnen Stücke sind analysiert worden und der Zusammenhang, worin diese Sterne eines geistigen Weltsystems zueinander stehen, ist bloßgelegt. Wenn Shakespeare jahrhundertelang einem Urwalde glich, dessen Sausen und Brausen man wohl hörte, in den man sich aber nicht hineinwagte, weil man nicht wußte, ob sich nicht um jeden Baum eine Schlange herumgeringelt habe, so ist dieser Wald jetzt ausgehauen, die Wege sind links und rechts gebahnt und jedermann weiß, wo die schönsten Blumen stehen, oder wo es am geheimnisvollsten rauscht. Mit einem Worte, des Lichts ist genug verbreitet, das übrige ist Sache der Augen, und denen kann keiner zu Hilfe kommen. Wenn es nicht barock klänge, so wäre jetzt eher schon ein Buch über die Fehler oder doch über die Grenzen Shakespeares zu wünschen, über die individuelle Seite seiner schöpferischen Tätigkeit, die doch auch vorhanden ist, so selten sie hervortreten und so schwer sie zu erkennen sein mag, über das Minus, womit er manches Plus seiner Richtung erkaufte. Oder hat die griechische Tragödie in ihrer keuschen Gebundenheit nicht einen Zauber, dem Shakespeare notgedrungen entsagen mußte, als er die Elemente in voller epischer Breite entfesselte; gehen Aischylos und Sophokles wirklich so ganz in ihm auf, wie seine unbedingten Verehrer behaupten? Hier wäre allenfalls noch eine Aufgabe. Sicher aber gehört mehr Geist dazu, einem minder hervorragenden Dichter gerecht zu werden, z. B. einem Zacharias Werner oder einem Heinrich von Kleist auf ihren verschlungenen Wegen zu folgen und zwischen ihnen und der Nation zu vermitteln, als auf neue Entdeckungen im Shakespeare auszugehen und ihm zu Ehren einige Leuchtkäfer fliegen zu lassen. v s

132. *Byron*
Seine erstaunliche Produktivität hat mir in der Erinnerung immer viel Respekt eingeflößt, aber ich finde jetzt, daß sie mit der Scottschen einen und denselben Grund hat. Sie beruht offenbar auf einer gewissen Einförmigkeit, um nicht zu sagen Armut, der Grundideen. Der Dichter tat nicht, wie es die größten aller Zeiten getan haben, mit jeder Produktion eine Lebens- und Bildungsstufe ab, um dann eine höhere zu erklimmen und diese ebenfalls auszusprechen, sondern er blieb bis zum Don Juan so ziemlich auf der nämlichen stehen, und sein Produzieren besteht in dem etwas unfruchtbaren Geschäft, dieser einen immer neuen Ausdruck zu geben. Er stellte im Childe Harold, dessen beschreibende Seite, wie alle Beschreibung, in höherem Sinn

gar nicht in Betracht kommt, einen Menschen dar, der durch Sünde zum Trotz, durch Trotz zur Beharrlichkeit, aber nicht zum Frieden gelangt ist und sich, ohne innerlich etwas abzumachen, nach außen hin zu behaupten sucht. Dieser Charakter kehrt beständig wieder und erscheint nicht einmal vertieft oder gesteigert, wenn man den Kain und den Manfred ausnimmt, in welchen aus Gründen der Form, der beide angehören, die tiefere Motivierung und die schärfere Entwicklung der Konsequenzen versucht und zum Teil auch vollbracht wird. So Lara, der Korsar usw. Mitunter erzählt Byron auch bloß Geschichten und tut in Versen, was der gewöhnliche Romanschreiber in Prosa tut, indem er uns Seltsamkeiten und Abenteuerlichkeiten ohne Hintergrund vorführt. Dahin rechne ich Mazeppa, Parisina etc., die mir durchaus trivial erscheinen. Im Drama kann man nicht einseitig sein, es ist der charakteristische Vorzug dieser höchsten Form der Kunst, daß sich das Individuum nicht in ihr, wie in den anderen, austoben kann, ohne sie zu vernichten, d. h. zum dialogisierten Monolog, den der Dichter auf Bauchrednermanier mit sich selbst hält, herabzusetzen. Das Drama riß Byron daher aus seiner Selbstgefälligkeit heraus, wenigstens insoweit, als er sich gezwungen sah, den großen Gegensatz, dem er das Individuum bisher mit verschränkten Armen gegenübergestellt hatte, ins Auge zu fassen und zu skizzieren. Hierbei benahm er sich nun freilich sonderbar genug. Im Kain stellte er dem trotzigen Individuum einen Gott gegenüber, der diesem Individuum auf ein Haar gleicht und nur die Macht vor ihm voraus hat. Die Macht macht den Gott, die Ohnmacht den Menschen und auch den Teufel, und beide kennen keinen andern Schmerz als den der Sklaven, es dem Herrn nicht heimgeben zu können, während sie dem Herrn auch keinen anderen Genuß zuschreiben als den: tyrannisieren zu dürfen, den einzigen, dessen sie selbst fähig wären. Im Manfred tat er allerdings einen Schritt vorwärts und veranschaulichte mit der von ihm zu erwartenden Energie die innerste Natur des Geistes, seine unbedingte Freiheit und den Übergang, den er von der Sünde zu einem sittlichen Zustand nehmen kann, der denjenigen, in dem er der Sünde verfiel, unendlich übertrifft; aber es geschah nicht durch die rechten Mittel, es geschah, statt durch einen Lebensprozeß, durch einen spekulativen, der sich nur dürftig auf einen solchen zurückbezieht; das Werk ist ein glänzenderes Zeugnis für seine Intelligenz als für sein Darstellungsvermögen. Im Marino Faliero und den beiden Foscari, sowie im Werner, tritt das Schicksal auf wie im Kain der Gott. Es vernichtet und zerstört, aber es schmiedet sein Schwert nachher nicht zur Pflugschar um, es schneidet, wie es im Drama geschehen soll, die Hälse ab, die zu anmaßend hervorragen, aber es ist viel zu vornehm, um uns über das Warum und Wozu zu belehren und uns trotz unseres Schauders unsere Zustimmung abzudringen. Keine Spur von jener großen Versöhnung, die in der Notwendigkeit liegt, wenn der Poet nur die rohe äußere in die innere aufzulösen und in dem sterblichen Menschen den unsterblichen Geist zum Sprechen zu bringen weiß. Sardanapal macht einen minder verletzenden Eindruck, aus dem einfachen Grunde, weil er lyrischer gehalten und der Konflikt weniger scharf ausgesprochen ist. Dagegen mußte ein Individuum, wie das Byronsche, das sich selbst in unerheuchelter Naivität als ein einmal gegebenes hinnahm, im subjektiven Epos, dem einzigen noch möglichen, Außerordentliches leisten, und das ist im Don Juan geschehen. Denn es ist ein anderes, ob sich dieses Individuum den höchsten Mächten oder ob es sich dem gemeinen Weltlauf entgegenstemmt und ihm sein Bild vorhält. Diesem gegenüber hat es in seiner Kraft und Konsequenz eine unantastbare Berechtigung, und da es eben sowohl mit ihm zusammenhängt, als es sich wieder hoch über ihn erhebt, so sind in ihm alle Bedingungen einer vollendeten Darstellung desselben vorhanden. Der Don Juan ist daher als das höchste Resultat des Byronschen Geistes zu betrachten und er gehört sicher zu denjenigen Werken der modernen Literatur, die noch jahrhundertelang im Preise steigen werden, während manche andere, die man jetzt vielleicht über ihn stellt, früher als man denkt, im Strom der Zeit versinken mögen. T

133. *Victor Hugo*

Marion Delorme, le Roi s'amuse, Hernani! Welche Mißgeburten! Und doch Phantasiegebilde, keine Rechenexempel! Das Merkwürdige liegt aber gerade darin, daß die Phantasie bei den Franzosen durchaus mit dem Kunstverstand keine Ehe eingehen zu können scheint. Wie das sogenannte »Ideal« ihrer klassischen Tragödie eine hohle Abstraktion ist, so der ihm mit so vielem Lärm und so großem Stolz entgegengesetzte »Naturalismus« der Romantiker nicht minder. Sie müssen alles in flüchtige Gase auflösen oder in tote Asche verwandeln; die schöne Mittelstufe, auf der die Erscheinung sich in ihrem vollen Rechte behauptet, ohne das Gesetz, aus der sie hervorging, darum zu verdunkeln oder gar zu ersticken, ist ihnen unbekannt. Übrigens steige ich lieber mit Corneille und Racine in den Luftballon, als ich mich mit Victor Hugo und Konsorten in den Mist einwühle. T

134. *Holberg*

Dänemark brauchte einen Lessing, keinen Goethe und keinen Schiller, und Holberg wurde dieser Lessing; dem Verfasser des Laokoon im wissenschaftlichen Gebiete allerdings bis zur völligen Unvergleichbarkeit nachstehend, mit dem Schöpfer der Minna aber um die poetische Krone ringend und darin unendlich glücklicher wie er, daß er bis auf den gegenwärtigen Tag unverdunkelt blieb, weil ihm der Genius nicht folgte. Denn wenn die Späteren, wenn Ewald und vor allen Oehlenschläger auch der *Art* nach über Holberg standen, so blieben sie doch dem *Grade* nach weit hinter ihm zurück; sie gehörten einer vornehmeren Familie an, aber sie waren sehr arme Mitglieder dieser Familie, während er das Haupt der seinigen war. Sie repräsentieren die Stufe der Produktionskraft, wo der geniale Blitz im einzelnen schon zuweilen durchschlägt, der Verstand, der unerläßliche Begleiter, dafür im ganzen aber auch nur um so weiter zurücktritt, er diejenige, wo der Verstand das Genie fast ersetzt und die freie Selbstbestimmung vor ihm voraus hat. Das bewiesen sie schon dadurch, daß sie ihre besten Kräfte auf das absolut Unfruchtbare, wenn nicht Unmögliche verwandten. Wie unser Klopstock die Deutschen durch die Hermannsschlacht zu begeistern suchte, statt, wie später Goethe, in die lebendige Zeit des Götz hineinzugreifen, so bemühten sie sich, in beispiellosester Verkennung

dieser mythologischen Figuren, den Baldur oder den Star-
kodder von den Toten zu erwecken und stellten Holbergs
drastischen, wenn auch platten und harten Gestalten eine
wüste, wilde Jagd von Nebelbildern gegenüber, die aus-
löschen mußten, wenn der Bürgermeister Breme nur einmal ordentlich nieste. Der dänische Lessing behauptete daher das Feld und behauptet es noch. v s

135. Wielands *Oberon*
Dies ist eben auch eines derjenigen Werke, denen die Zeit,
die sie entstehen sieht, so keck die Unsterblichkeit prophezeit, und dennoch muß ich mich entweder über die Prinzipien der Kunst völlig irren, oder eine solche rein aus der
Luft gegriffene Märchenanekdote, die so wenig in die My-
sterien der Natur, als des Menschenherzens hineinführt, ist
ohne allen Wert, noch ganz abgesehen davon, daß Wieland
sie aus allen Ecken und Enden zusammengestohlen und für
sich nur das dürftige Verdienst der leichten Versifikation zu
beanspruchen hat. Wohin ist ein solches Produkt zu stellen? Die klassische Poesie kennt diese leeren Spielereien
nicht, die in guter Kindermanier die willkürlich ersonnenen
Hindernisse bis ins Unglaubliche steigern, um sie dann wieder durch ebenso willkürliche Hilfsmittel, auf die die Helden, das erstemal etwa ausgenommen, wo ihnen denn das
Wasser auch noch nicht an die Kehle geht, mit Bestimmtheit rechnen können wieder aufzulösen. Die romantische
kennt sie aber auch nicht, denn was in ihr an Wundern und
Zauberwirkungen, womit freilich immer und überall sehr
vorsichtig umzugehen ist, vorkommen darf, muß auf der in
neueren Zeiten tiefer durchschauten Verwandtschaft zwi-

schen dem Mikrokosmus und dem Makrokosmus beruhen, es muß auf das, wenn auch geheimnisvolle, so doch in sich wohlbegründete Ineinandergreifen der beiderseitigen Kräfte basiert und keineswegs aus der Verlegenheit eines sogenannten Poeten, der einen lächerlichen Plan nicht ausführen kann, ohne Hörnern und Ringen und Bechern unbegreifliche und unsinnige Eigenschaften beizulegen, hervorgegangen sein. Wieland scheint sich etwas darauf zugute getan und das vielleicht unruhige ästhetische Gewissen dadurch beschwichtigt zu haben, daß er diese Dinge mit einer gewissen platten Ironie behandelt und ihnen Wirkungen beilegt, die den Helden zwar aus seiner verwickelten Lage ziehen, die an sich aber komisch sind; doch dies, obgleich fein und geschickt, ändert an der Hauptsache nichts, denn das Alberne hört nicht dadurch auf, albern zu sein, daß man mit zugekniffenen Augen selbst die Albernheit einräumt, im Gegenteil, es verliert noch denjenigen naiven Reiz, den es haben könnte, den Reiz eines in sich dummen, aber mit Ernst betriebenen Kinderspiels. т

136. *Emilia Galotti*

Es verlohnt sich der Mühe, zu untersuchen, ist aber schwer zu sagen, warum dieses Gedicht trotz seines reichen Gehalts dennoch kein Gedicht ist. Man könnte sich vielleicht so ausdrücken: es erreicht das Ziel der Poesie, insofern dies ein allgemeines sein mag, aber es geht nicht den Weg der Poesie; der Dichter schulmeistert das Musenroß und treibt es im ganzen freilich, wohin er will, aber im einzelnen immer entweder zu weit oder nicht weit genug. Gerade dies ist der Punkt, worin der echte Dichter sich von seinem nächsten Nachbar, der Lessing gewiß war, unterscheidet; bei jenem ist die Begeisterung heiliges Feuer, das vom Himmel fällt, und das er gewähren läßt; bei diesem ist es ein Flämmchen, welches er selbst anmacht und welches nun, je nachdem die Stoffe sind, womit er es ernährt, bald nur kümmerlich schleicht, bald aber gar zu breit und ungestüm aufleckt. Bei einer solchen Flamme kann man löten und schmieden, aber die Sonne mit ihrer linden, unsichtbaren Glut muß wirken, wenn Bäume und Blumen entstehen sollen. Das Bewußtsein hat an allem wahrhaft Großen und Schönen, welches vom Menschen ausgeht, wenig oder gar keinen Anteil; er gebiert es nur, wie eine Mutter ihr Kind, das von geheimnisvollen Händen in ihrem Schoße ausgebildet wird, und das, ob es gleich Fleisch von ihrem Fleisch ist, ihr dennoch in unabhängiger Selbständigkeit entgegentritt, sobald es zu leben anfängt; der Handwerker weiß allerdings mit Bestimmtheit, warum er jetzt zum Hammer und jetzt zum Hobel greift, aber er macht auch nur Tische und Stühle. Das Bewußtsein ist nicht produktiv, es schafft nicht, es beleuchtet nur, wie der Mond; die Philosophie beweist nichts gegen diese Behauptung, denn sie entwickelt nichts, als sich selbst, sie zeugt nur ihre eigenen Prozesse. Wer mich hier mißversteht, dem mag überhaupt die Fähigkeit gebrechen, über diesen Gegenstand etwas zu verstehen; ich bemerke nur noch, daß man von hier ausgehen muß, wenn man sich klar machen will, inwieweit der Dichter einen Plan haben kann und darf.

Die Charaktere der Emilia Galotti mögen Charaktere sein; es würde zu weit führen, wollte ich untersuchen, ob nicht der Mensch, wenn er sich Menschen denkt, schon deshalb, weil er Mensch ist, sich immer solche denken muß, die mit einer gewissen Existenzmöglichkeit auftreten, und ob es genug sei, daß wir poetische Gestalten bloß nicht entschieden verneinen können, ob wir sie nicht vielmehr, wenn wir sie gelten lassen sollen, unbedingt und unwillkürlich bejahen müßten. Jedenfalls sind diese Charaktere zu absichtlich auf ihr endliches Geschick, auf die Katastrophe, berechnet, und dies ist fehlerhaft, denn dadurch erhält das ganze Stück die Gestalt einer Maschine, worin lebendige Menschen die füreinander bestimmten und notgedrungen auf den Glockenschlag ineinandergreifenden Räder vorstellen. Zwar sollen die Charaktere den Blitzstrahl des Schicksals an sich ziehen, er könnte sie sonst nicht treffen, ohne das Band, das die Weltordnung zusammenhält, zu zerreißen; aber dies muß spielend, und ohne daß man es ahnt, geschehen, Mensch und Schicksal müssen sich an einem Ort begegnen, wo man es nicht erwarten konnte und wo man desungeachtet, wenn man näher hinsieht, nicht die verhüllte Larve des Zufalls, sondern das ernste Antlitz der Notwendigkeit erblickt: ist das Gegenteil der Fall, so ist nur noch die Exekution oder die Prämienverteilung möglich, und damit hat die Kunst nichts zu tun. Ein Vater, der sich leichter zum Äußersten, als zu etwas anderem entschließt; eine Tochter, die um ihren Tod bettelt, wie Tausende ums Leben betteln würden; eine Mutter, die an sich nichts bedeutet, deren breites Dasein aber Gelegenheit gibt, daß andere sich entfalten; ein hitziger Graf, der weiß, daß die Affen hämisch sind und der sie dennoch aufs ärgste reizt; ein junger Fürst, der seinen Lüsten jedes Gefühl seiner Würde, jede Rücksicht auf Gesetz und Gewissen aufopfert und der sich, um sich vor sich selbst zu schützen, anfangs hinter eine schlangenglatte Dialektik, zuletzt hinter eine Reue, die ärger ist, als selbst die Sünde war, verkriecht; ein Hofmann, der sein Vertrauter ist, und der Teufel dazu; eine rachsüchtige, verlassene Maitresse, die ihren Abgott abschlachten will, weil sie nicht mehr bei ihm schlafen darf; obendrein ein paar Mörder und, um die letzte kleine Schwierigkeit beiseite zu schaffen, noch sogar ein tragischer Kutscher, der sich gezwungen mit diesen verständigen muß: das Schicksal hatte es doch gar zu leicht! Wir wollen aber nicht sehen, was nicht ausbleiben kann!

Emilia ist mir ein Ding, wie ein Widerspruch. Von einer Frömmigkeit, daß sie sogar am Hochzeittage die Messe nicht versäumt; geliebt, und – der Dichter hat sie nicht so geschildert, aber was berechtigt uns, anzunehmen, daß er sie nicht hat so schildern wollen? – von Liebe zu ihrem Verlobten erfüllt; zu wissen, daß der Graf tot ist, daß er um ihretwillen tot ist, oder richtiger, dies nicht zu wissen, es bloß zu ahnen, ein noch schrecklicherer Gemütszustand: dennoch, sie sagt es mit klaren Worten, fühlt sie dem meuchelmörderischen Wollüstling gegenüber nichts so lebhaft, als daß sie warmes Blut hat, daß sie verführt werden kann, und fühlt dies sogleich, in den ersten entsetzensvollen Augenblicken. Ist dies natürlich? Und wenn, ist sie dann nicht eine gemeine Seele? Und wird eine gemeine Seele sterben, um das zu retten, was sie nie besaß? Übrigens übersehe ich nicht, daß Emilia der herrlichste Charakter geworden wäre, wenn ihn ein wahrhafter Dichter geboren hätte; es ist außerordentlich schön, daß das Mädchen aus heiliger Scheu vor den dämonischen Mächten in ihrem Innern in ihrer

letzten freien Stunde weiblich-furchtsam und doch helden-
kühn den Tod erwählt; gewiß hat auch Lessing die Situation
seiner Heldin so empfunden, nur, daß ihm die Mittel zur
poetischen Darstellung versagten. Es ist möglich, daß ihm
die Idee eines weiblichen Romeos vorschwebte; mit den
Modifikationen, welche die Umstände mit sich brachten,
wie sich von selbst versteht. т

137. Goethes *Faust*
Was ist es wohl, was uns alle ohne Unterschied so allgewal-
tig an den Faust fesselt? Wahrlich nicht das, was die Herren
Kommentatoren seinen philosophischen Gehalt nennen!
Das Meiste von dem, was sie im Faust zu entdecken glauben, ist allerdings, wenn auch nicht in so elementarisch
roher Gestalt, wie sie meinen, im Faust zu finden, aber es
macht den Faust so wenig aus, wie das abgezapfte Blut den
Menschen, in dessen Adern es rollt, oder wie der zer-
fleischte Blutkuchen das Blut! Das beweist schon der
zweite Teil des Gedichtes, der an spekulativen und allegori-
schen Elementen noch viel reicher ist, wie der erste, und der
uns desungeachtet nichts als kalten Respekt abnötigt; wenn
wir uns mit Rätseln beschäftigen wollen, gehen wir nicht ins
Theater, nehmen wir nicht einmal auf unserem Zimmer
dramatische Werke in die Hand. Auch der Prozeß, als solcher, den wir das Individuum Faust durchmachen sehen, ist
es nicht; er steht den meisten viel zu fern, als daß sie warmen
Anteil daran nehmen könnten, das Gedicht hat aber, wie
sich gestern von neuem zeigte, eben so großen Reiz für die
Massen, wie für die gebildeten Klassen. Es ist ganz einfach,
so simpel das klingen mag, die unvergleichliche, wahrhaft

einzige Darstellung des Mittelalters, die jedermann, auf jedem Standpunkt, hinreißt; es ist der Blick in diesen Grauen
und Entsetzen erregenden Limbus patrum, in dem die Welt
einmal steckte und an den sie sich noch mit so manchem
Faden geknüpft fühlt; es ist die wunderbare Farbenpracht,
in welcher alle Gestalten desselben vor uns auftauchen. Aus
ihren Gräbern hat er sie hervorgerufen, der große Meister,
und sie sind gekommen, als ob sie unmittelbar in den Himmel eingehen sollten, von dem sie auf ihrem Leichenkissen
träumten, oder in die Hölle, vor der sie zitterten. Kein
Stäubchen ist diesem Gretchen, das so lange schlief, im
Haar sitzen geblieben, alle Sargspäne hat das Kind abge-
schüttelt und es sieht sich nach einer Rosenknospe um, weil
es eine an die Brust stecken möchte! Und neben ihr dieser
grübelnde deutsche Doktor in seinem schwarzen Talar, der
das schmale Fundament zu seinen Füßen, das uns alle trägt,
so lange betrachtet hat, bis er zu schwindeln anfing und den
Teufel auf einmal außer sich zu erblicken glaubte! Diese
Frische ist's, die uns bezaubert, und freilich kommt wohl
auch in dem letzten der Zuschauer und Leser die dumpfe
Ahnung hinzu, daß Faust der Erste war, der dem Limbus, in
dem alles Lebendige erstickte, den Rücken zuwandte, und
daß er nur darum mit dem alten Gesetz so kühn und trotzig
brach, weil er ein neues entdeckt hatte, das er selbst verkün-
digen sollte. v s

138. Ich lese in meinem Goethe die Lebensgeschichte des
Benvenuto Cellini. Wie wohltuend ist eine reine Natur, die
sich selbst fühlt, ohne auf dem Wege der Reflexion dazu gekommen zu sein, sie mag sich so keck und zudringlich her-

ausstellen, wie sie will, man läßt es sich gefallen, man hat nichts dagegen, nur das nüchterne Vergleichen und Rechnen: ich bin mehr als der, denn ich usw., widert an, ebenso das advokatenmäßige Sichselbstentschuldigen, wie bei Rousseau, dessen Beichten eigentlich ein beständiges Rasieren ist, wobei er sich aber unbewußterweise, und darin liegt bei ihm das Naive, immer schneidet. Hauptgedanke, den die Lektüre in mir weckte: von welch unschätzbarem Nutzen, ja von welcher Unentbehrlichkeit ist dem dramatischen Dichter eine lebendige Anschauung des geistigen Komplexes aller Völker; daraus allein kann er die Farben für seine Gemälde gewinnen. Freilich muß er sich nicht einbilden, daß er sie nur so geradezu auf die Tafel zu werfen braucht, was die Stümper tun; zwischen dem Farbenbrett und dem Gemälde bleibt immer ein Unterschied, aber sie müssen da sein, er muß wissen, und es muß ihm in die Fingerspitzen gedrungen sein: so steht der Italiener zum 5. oder 6. Gebot, so der Franzose, so der Deutsche, und nun kommen die individuellen Schattierungen. So bezieht der Franzose alles auf den äußeren Schein, es ist daher gar nicht so unvernünftig, wie Lessing es darstellt, daß in ihrer Tragödie die Konvenienz eine so große Rolle spielt; in Italien wird man, wenn man einen schönen Jüngling sieht, geneigt sein, zu denken: der wird sich vor Dolchen in acht zu nehmen haben usw. T

139. *Goethe und sein Schönheits-Ideal*
Einen Garten zwar hat er in der Welt sich gegründet,
  Aber wahrlich die Welt nicht zum Garten gemacht!

Den dramatischen Dichter macht vor allem, wenigstens in der modernen Welt, die Kunst zu *individualisieren*, d. h. auf jedem Punkt der Darstellung *Allgemeines* und *Besonderes* so ineinander zu mischen, daß eins das andere niemals ganz *verdeckt*, daß das nackte Gesetz, dem alles Lebendige gehorcht, der Faden, der durch alle Erscheinungen hindurch läuft, niemals *nackt zum Vorschein kommt* und niemals, selbst in den abnormsten Verzerrungen nicht, *völlig vermißt wird*. Von dieser Kunst besaß Schiller zu wenig, und wenn seine Figuren zwischen den mit Notwendigkeit im Basreliefstil gehaltenen Charakteren der Alten und den markigen, bis in die letzte Faser hinab selbständig gewordenen Gestalten der Neueren in der Mitte stehen, so war das keineswegs die Absicht, ging keineswegs, wie man glauben könnte, aus einem etwa in höheren Prinzipien begründeten Vermittlungsversuch hervor, sondern war die einfache Folge eines inneren Mangels. Aber eben weil Schiller den Mangel genau kannte, weil er wußte, daß er im »natürlichen« Drama die Rivalen zu scheuen hatte, gereichte er ihm nicht zum Verderben, denn nun steckte er sich die Sphäre so ab, daß derselbe, wenn auch nicht ganz und gar unbemerkt bleiben, so doch durch den Ersatz, den er dafür bot, hinreichend aufgewogen erscheinen konnte. Er floh zunächst aus der *realen* Welt in die *ideale*, aus der Welt der Verworrenheit und des Zickzacks in die der vorherbestimmten Harmonie und der reinen Kreislinie und richtete sich dann dieser Welt gemäß auch die Menschen zu, mit welchen er sie bevölkerte. Das wurde ihm ohne Widerrede, ja mit Jauchzen und Jubeln, gestattet, und nun hatte er schon gewonnen, nun brauchte er von der Individualisierungskunst nicht mehr, als ihm zu Gebote stand; der blaue Hintergrund seiner idealen Welt, mit den wenigen Wölkchen, die er zuließ, war leicht gemalt, und ebenso leicht waren die durchaus noblen Helden und Heldinnen mit ihrem einseitigen, sich nie verirrenden Pathos hingestellt, die sich in ihr bewegten. Zwar verlor sein Drama eben dadurch auch bis auf einen unberechenbaren Grad an Energie und wurde schwächlich, denn an der eigentlichen Aufgabe der dramatischen Kunst schlich es sich vorbei. Diese besteht nämlich nicht darin, eine ideale Welt in die reale als ein *Bild* hineinzuhängen und das Bild mit bengalischer Flamme zu beleuchten, sondern darin, diese ideale aus der realen selbst hervorzuarbeiten, und es bedarf wohl nicht erst eines Beweises, daß es leichter sein muß, die letztere zum Rahmen zu *erniedrigen*, als zum Gemälde zu *erhöhen*. In dem einen Fall braucht man nur einfach Tabula rasa zu machen, in dem zweiten soll man den Standpunkt so zu nehmen wissen, daß alle Widersprüche sich von selbst und ohne Zutat eines fremden Mittelgliedes in Harmonie auflösen, und sicher läßt sich ein blatternarbiges Gesicht schneller schminken, als an einen Ort stellen, wo es in seiner natürlichen Beschaffenheit mit zur Schönheit beiträgt, weil es in einer von einem höheren Gesichtskreis aus gezogenen Linie nur noch einen Punkt neben andern Punkten bildet. Schiller hat seiner ganzen Anlage nach mit keinem Dichter weniger Verwandtschaft wie mit Shakespeare, mit dem man ihn früher so oft verglich, und mit keinem mehr als mit Calderon, mit dem man ihn, soweit ich mich erinnere, noch nie parallelisierte; er übertrifft diesen jedoch, noch ganz abgesehen von den nationalen Verschiedenheiten, unendlich durch die hohe Begeisterung, die ihm innewohnt. Freilich ist auch diese Begeisterung nur ein Beweis mehr für die Richtigkeit des vorhergehenden Raisonnements, denn es ist nicht die des Künstlers, die, eben weil sie auf die Totalität der Welt geht und alles umfaßt, was in ihr lebt und webt, nicht an die Einzelheiten ihre ganze Glut verschwenden kann; es ist die des Menschen, der sich aus der Welt das, was ihm gefällt, herausnimmt und sich um das Übrige nicht kümmert. Aber die Begeisterung ist echt, sie ist die eines großen Individuums, das nur zum Höchsten in wahlverwandtschaftlicher Beziehung steht und das seine Träume beseelt, indem es sie erzählt, darum reißt sie unwiderstehlich fort und leistet Ersatz für das, was dem Dichter mangelt. VS

141. Dem Deutschen müssen vermöge der Grundzüge seines Nationalcharakters Schillers Schwächen als Vorzüge gelten; er liebt das Unbestimmt-Verschwimmende, das Eines sein und doch daneben etwas Anderes scheinen will, und darum ist Schiller, der ihm nie etwas ganz Exklusives, etwas durchaus nur Poetisches bietet, sein Lieblingsdichter. Es entsteht hier die interessante Frage, ob ein dichterisches Individuum bei einem eintretenden Konflikt der Eigentümlichkeit seines Volks, *für das* er schafft, seine eigene Eigentümlichkeit, *aus der und mit der* es schafft, unterzuordnen hat oder nicht; ich will sie unentschieden auf sich beruhen lassen, aber so viel ist klar, daß es in dem einen Fall auf eine ausgebreitete Wirkung in der *Gegenwart* verzichten, in dem anderen die Quelle seiner Kraft selbst verstopfen und sich die *Zukunft* verengen muß. Wenn Schiller

z. B. als dramatischer Dichter, statt seiner bekannten Vor-
liebe, einen unbesiegbaren Widerwillen gegen alles Senten-
zenwesen gehabt und hinreichendes Gestaltungsvermögen
besessen hätte, um den Ausfall, der dadurch in der Ökono-
mie seiner Stücke entstanden wäre, zu decken: was würde,
seiner Nation gegenüber, die Folge davon gewesen sein? So
gewiß er dann vor dem höchsten Forum der Ästhetik ganz
anders bestehen würde, wie jetzt, eben so gewiß würde er
drei Vierteile seines großen Publikums verloren haben,
denn der Deutsche kann und will nun einmal in den Charakteren eines Dramas nicht eine Art von höherem Alphabet erblicken, aus dem er sich das Lösungswort selbst zu-
sammensetzen soll; ihm ist eine Figur, der kein Zettel aus
dem Munde hängt, sogleich eine rätselhafte, und er wird nie
befriedigt, wenn der Poet sich herausnimmt, die Kunst be-
friedigen zu wollen. Das geht aber im Lyrischen ebenso; ein
Bild ohne Unterschrift ist ihm auch hier ein Bild ohne Sinn,
deshalb zieht er alles Reflektierende vor, reflektierte es nun,
wie Schiller, tief und genial über die Philosophie, oder,
wie ein Georg Herwegh, flach und oberflächlich über die
Politik. v s

142. *Jungfrau von Orleans*
Mir ist es immer unerklärlich gewesen, wie er sich diesem
Gegenstand gewachsen glauben konnte. Daß der Vorwurf
zu einem Drama vorlag, wird niemand bestreiten wollen;
daß dies Drama aber durchaus ein psychologisches werden
mußte, und daß es eben darum über Schillers Kreis hinaus-
ging, läßt sich eben so wenig verkennen. Johanna durfte
unter keiner Bedingung über sich selbst reflektieren, sie

mußte, wie eine Nachtwandlerin, mit geschlossenen Augen ihre Bahn vollenden und sogar mit geschlossenen Augen in den Abgrund stürzen, der sich zuletzt unter ihr öffnet. Die Naivität, die den innern Bruch gar nicht zuläßt und die das französische Mädchen, wie wir aus den Akten ihres Prozesses ersehen, bis in die Flammen hineinbegleitete, war unerläßlich, und Schiller mußte selbst wissen, daß er ihr diese nicht einzuhauchen vermochte. Seine Heldin schwebt denn nun durchaus in der Luft, ihr Tun und Gebahren setzt eine Naivität voraus, die ihr fehlt, und sie macht den Eindruck eines Apfelbaums, der mit Weintrauben behängt ist, auf dem aber keine Weintrauben wachsen. vs

143. *Braut von Messina*
Als sie fertig ist und Körner überschickt wird, äußert dieser, er kenne kein modernes Werk, worin man in so hohem Grade den Geist der Antike fände. Das beweist, wie sehr sich selbst die geistreichsten Menschen durch Einzelheiten blenden lassen, wie selten sie sich die Mühe geben, in die Tiefe hinabzusteigen und das Fundament eines dramatischen Baues zu untersuchen. Mir scheint sie ein völlig ideenloses Produkt. In der Jungfrau von Orleans sieht man doch, was der Dichter will, wenn er auch bei dem schon oben von mir berührten Mangel an Naivität das Ziel nur halb erreichen konnte. Aber was er mit der Braut von Messina beabsichtigt hat, kann ich nicht herausbringen. Warum geschieht dies alles? Was wird mit diesem Blut abgewaschen? Wo sind die Greuel, die so ungeheurer Sühne bedürfen? Man fragt sich umsonst! Das Schicksal spielt im Stück Blindekuh mit den Menschen. Alle auftretenden

Charaktere sind edel und rein und bleiben es bis zu Ende; die Mutter ist ohne Schuld, dennoch wird ihr das Schrecklichste auferlegt. Die Söhne sind es auch, dennoch müssen sie das Schrecklichste aneinander vollziehen. Beatrice, die Tochter, ist ein Engel und mehr, dennoch muß sie durch ihre bloße Existenz das Schrecklichste hervorrufen und alles, weil sie verflucht sind, weil sie nur geboren wurden, um zu zeigen, was es bedeutet, wenn ein Ahnherr, dem die Braut von seinem Sohn geraubt wird, das Ehebett des Paares mit Flüchen belegt, und es bleibt nichts übrig, als eine häßliche, Schauder erregende Anekdote, die, weit entfernt, uns die ewigen Gesetze der sittlichen Welt zu vergegenwärtigen, uns weit eher die Angst einflößen könnte, daß sie zuweilen ohnmächtig seien. Man wende mir nicht ein, das sei antik; es ist nicht wahr. Ödipus verflucht seine Söhne, aber sein Fluch wird ihm abgedrungen durch ihre Handlungsweise, und wenn er sie trifft, so trifft er sie nur, weil sie es verdienten und weil die Nemesis sie ohnehin getroffen haben würde; auch trifft er unmittelbar sie selbst, nicht ihre schuldlosen Kinder und Enkel. So verfährt, um die Spitzen des modernen und des antiken Dramas einander gegenüberzustellen, auch Shakespeare. Als Lear seine Töchter verflucht, tut sich die Erde nicht auf, um sie zu verschlingen, auch verwandeln sich für sie die Früchte der Bäume nicht in Steine, die Fische des Meeres nicht in Schlangen. Sie fallen durch ihre Sünden, wie sie sich nach und nach in enggeschlossener Kette, eine aus der andern, entbinden. Wenn es aber auch antik wäre, so würde das den Handel nicht verbessern. Der Dichter darf, wenn er anders ein Kunstwerk, kein Kunststück hervorbringen will, aus einer überwunde-

nen Weltanschauung nur diejenigen Momente herausneh-
men, die nicht völlig vernichtet und aufgelöst sind; die ganz
und gar beseitigten, die sich nur durch einen willkürlichen,
dem absichtlichen Zudrücken der Augen ähnlichen Ver-
engerungsprozeß des Bewußtseins notdürftig reproduzieren lassen, sind für ihn nicht mehr vorhanden. Dazu gehört
aber der Glaube an die magische Kraft des Fluchs. Wir wissen es längst, daß mit jedem Individuum, das in die Welt
tritt, ein neuer, ein unendlicher Lebens- und Tatenkreis beginnt, daß keines dem Rachedurst eines andern Individuums ohne eigene Schuld verfallen, daß ein Fluch, der mit der
Vernunft und dem sittlichen Gesetz in Widerspruch steht,
durchaus nicht in Erfüllung gehen kann. Auf einem solchen
Fluch beruht aber die Tragik in der Braut von Messina, und
das sollte unsere Philosophen vom zweiten Rang, die gegen
ihre poetischen Zeitgenossen nicht skrupulös genug sein zu
können glauben, abhalten, sie als eine wahre Tragödie zu
zitieren. V S

144. Schillers Wallenstein ist trotz seiner Breite doch bloßes Charakterbild, der dreißigjährige Krieg guckt nur hin
und wieder, nur dann, wenn dem Herzog die Sentenzen
ausgehen, und wenn Max und Thekla von ihrer Liebe ausruhen, schüchtern hervor. Das Stück hat, mit aller Achtung
gegen den großen Toten, dem ich nicht am Lorbeer zu
pflücken gedenke, sei es gesagt, bei der Aufführung etwas
Lächerliches: ein Gewitter, während dessen zwei Turtel-
tauben sich schnäbeln. Wilhelm Tell ist schon anders, Ber-
tha und Rudenz sind bescheidener und halten ihre Seufzer,
Thränen und Ahnungen besser zu Rate; doch die darge-

stellten Verhältnisse sind zufällige, die sich unter ähnlichen Verhältnissen überall wiederholen, und man kann darnach germanische Natur, wenn man auch die Schweiz als Mitrepräsentantin derselben gelten lassen will, nicht beurteilen, so wenig wie einen Menschen nach dem Porträt, das während seiner Krankheit entstand; auch kann ich den Anblick der Kraft, die äußere Fesseln bricht, nicht so erbaulich finden, wie manche; warum ließ sie sich welche anlegen? VS

145. Schillers Poesie tut immer erst einen Schritt über die Natur hinaus und sehnt sich dann nach ihr zurück. T

146. *Beim Tode Ludwig Tiecks*
Ludwig Tieck ist gestorben. Der König der Romantik hat das Szepter niedergelegt und ist in jene geheimnisvolle Welt zurückgekehrt, die er ein Menschenleben hindurch zu entschleiern suchte. Seinen Sarg umschweben die wunderbarsten Phantasiegebilde; der blonde Eckbert, der gaukelnde Fortunat, die luftigen Elfen, der gestiefelte Kater möchten mit ihrem Schöpfer begraben werden, um mit einer Zeit, die sie nicht mehr versteht und nicht mehr an sie glaubt, nicht länger den unfruchtbaren und ermüdenden Kampf führen zu müssen. Dem schwarzumflorten Leichenwagen folgt eine Reihe der seltsamsten Gestalten: der träumerische Novalis mit der blauen Blume aus dem Ofterdingen, Achim v. Arnim mit dem Zauberspiegel, der Himmel und Erde, freilich verkehrt, darstellt, Clemens Brentano mit dem Daumen der Prager Hexe, Theodor Hoffmann mit dem krausen Lehrbrief des wahnsinnigen

Kreisler, Friedrich Fouqué mit phantastisch zugestutztem Schnurrbart und altertümlichen Sporen, die Barbarossa verloren zu haben scheint, Zacharias Werner endlich mit dem Templerkreuz.

Kein Deutscher wird den Tod des greisen Dichters ohne Wehmut erfahren, wenn das Ereignis auch längst zu erwarten stand. Man sieht einem flackernden Licht, das jede Minute auszugehen droht und sich doch immer wieder eine Minute erobert, nicht ohne Teilnahme zu, und es macht einen ergreifenden Eindruck, wenn es dann plötzlich erlischt und die Dunkelheit hereinbricht. Wer könnte nun wohl einen »Stern in Menschengestalt« verlöschen sehen, ohne davon ergriffen zu werden und mit Trauer auf die entstandene klaffende Lücke hinzublicken. Und ein solcher Stern war Tieck! Seine letzten Lebensjahre sind ihm nicht zu freundlich verstrichen, denn ein neues Geschlecht, neuen Aufgaben in neuen Formen und Gestaltungen nachjagend, trat ihm feindlich gegenüber, und er hatte keine Achilleshaut, er fühlte jeden Hieb und jeden Stich, der ihm versetzt wurde. Aber gewiß werden an seinem Grabe auch seine Feinde erscheinen und dem *Manne* die Ehrfurcht bezeigen, die sie seiner *Richtung* versagen zu müssen glaubten. Denn der Krieg gegen die Romantik war an und für sich zwar ein vollkommen berechtigter, jedoch nur so weit, als aus einer reich begabten, aber nicht, wie Shakespeare und Goethe, *normalen* Individualität allgemein gültige Gesetze abgeleitet werden sollten. Das ist vorüber, das Gleichgewicht zwischen dem wirklichen Leben und der Phantasiewelt, das eine zeitlang verrückt zu werden drohte, ist längst wieder hergestellt, und wenn noch irgendwo einige

Kugeln in den Büchsen sitzen geblieben sind, so feure man sie zu Ehren des edlen Abgestorbenen in die Luft ab.

Die Fußstapfen des wahren Poeten sind leuchtend, wie die des Propheten. So ist auch der Weg, den Tieck zurücklegte, mit Perlen und Edelsteinen übersät. Und nicht bloß in der Jugend war er reich, wie mancher Gegner behauptet hat, bis ins späteste Alter hinein hat er blitzende Kleinodien verstreut. Wohl liegt auf jenen Märchen, durch die er sich zuerst als den Sohn der Götter ankündigte, ein so zauberischer Duft, daß man's begreift, wenn viele den bloßen Eckbert, den Runenberg, den Liebeszauber usw. allen übrigen seiner Produktionen vorziehen. Aber nicht weniger reizend sind die meisten seiner Novellen, ja einige seiner Dramen, nur daß man freilich vom blendend hellen Mittag und vom eindämmernden Abend nicht verlangen muß, was nur der tauige Morgen gewährt. Ein kaum geschlossenes, vielleicht noch offenes Grab, auf dem die erste Blume erst gepflanzt werden soll, regt nicht zu Untersuchungen an über die Mängel des Entschlafenen. Aber braucht man die Nation wirklich erst wieder zu erinnern an den mit Shakespearischer Genialität gezeichneten Eulenböckh in den Gemälden, an den jungen Tischlermeister, diesen Vorläufer des so berühmt gewordenen französischen Handwerkerromans der George Sand, an die großartigen Schilderungen des mystischen Seelenlebens in dem Aufruhr in den Cevennen, an die herrlichen Charaktere des Marlow und des Robert Green im Dichterleben, oder gar an die unheimliche, mit allem Grauen der Hölle umkleidete Mechtildis im Blaubart und an die Fülle der lebenswahrsten Gestalten im Fortunat? Gewiß nicht, ein Dichter ist nicht darum vergessen, weil er schon bei Lebzeiten unter die Heroen versetzt wurde und die ihm gebührende Nische im Nationalpantheon erhielt, anstatt noch Tag für Tag durch Trommeln und Pfeifen eingeladen zu werden, mit auf dem Fechtboden oder dem Exerzierplatz zu erscheinen. Und wenn Ruge auch nicht recht zu wissen schien, daß ein kranker Mensch unter allen Umständen mehr ist als eine gesunde Puppe und deshalb einen Dichter wie Tieck durch reimende Pointen- und Tendenzjäger seiner eigenen Schule beseitigen zu können glaubte: die Bildung hat immer nur dazu gelacht.

Und haben seine Gegner auch vergessen, was Tieck für das Verständnis Shakespeares in Deutschland geleistet und welch ein Verdienst er sich um den großen Heinrich von Kleist durch liebevolles und beharrliches Hinweisen erworben hat, so daß der Schöpfer des »Prinzen von Homburg« und des »Michel Kohlhaas« früher, als es ohne Tieck vielleicht geschehen wäre, der deutschen Nation näher gerückt wurde, die Bildung hat es nicht vergessen und flicht deshalb ein Blättlein mehr noch in seinen Lorbeerkranz. v s

147. *Der Prinz von Homburg*
Der Prinz von Homburg gehört zu den eigentümlichsten Schöpfungen des deutschen Geistes, und zwar deshalb, weil in ihm durch die bloßen Schauer des Todes, durch seinen hereindunkelnden Schatten, erreicht worden ist, was in allen übrigen Tragödien (das Werk *ist* eine solche) nur durch den Tod selbst erreicht wird: die sittliche Läuterung und Verklärung des Helden. Auf dies Resultat ist das ganze Drama angelegt, und was Tieck an einem bekannten Ort als

den Kern hervorhebt, die Veranschaulichung dessen, was Subordination sei, ist eben nur Mittel zum Zweck. Wenn Tieck noch weiter bemerkt, das Nachtwandeln, womit das Stück beginnt, und die an dies Nachtwandeln geknüpfte Form der endlichen Lösung, verleihe demselben zu seinen übrigen Vorzügen noch den Reiz eines lieblichen und anmutigen Märchens, so kann ich auch damit nicht übereinstimmen. Im Gegenteil, dieser Zug ist als störend zu tadeln, und wenn er, wie im Käthchen von Heilbronn, tief in den Organismus des Werks verflochten wäre, so würde er ihm den Anspruch auf Klassizität rauben. Denn für den Unfug, den der Mond treibt, muß der Mensch nicht büßen sollen, sonst wäre es am Ende auch tragisch, wenn einer im Traumzustand die Spitze des Daches erkletterte und, dort von der Geliebten erblickt und im ersten Schreck der Überraschung beim Namen gerufen, zerschmettert zu ihren Füßen stürzte. Aber man kann die ganze Nachtwandelei zum Glück beseitigen und das Werk bleibt, was es ist, es steht unerschütterlich auf festen psychologischen Füßen, und die Wucherpflanzen der Romantik haben sich nur als überflüssige Arabesken herumgeschlungen. Das ist freilich nicht so zu verstehen, als ob man die Hälfte vom ersten und vom letzten Akt wegstreichen könnte. Kleist würde nicht sein, was er ist, ein wahrer Dichter, den man, wie jedes ursprüngliche Gottesgewächs, ganz hinnehmen oder ganz wegwerfen muß, wenn eine so barbarische Prozedur möglich wäre. Nein, man wird dem Prinzen sein Kranzwinden und den Handschuh, den er infolgedessen erhascht, schon lassen müssen. Allein es ist nichts davon abhängig gemacht, das Gebäude hat neben dieser künstlichen noch ganz andere und vollkommen solide Stützen, und wer sich nicht aus Kleinmeisterei dabei aufhalten will, der hat es nicht nötig. Ein Jüngling, der das Unglück hatte, zu früh Glück zu haben, und der liebt, wo er vielleicht – er hat darüber noch keine Gewißheit – nicht lieben soll: mehr brauchen wir nicht, um uns in der ersten Katastrophe den Übermut, in der zweiten den Kleinmut zu erklären, und der ist da. Kleist hat einen Schraubenzug in Bewegung gesetzt, wo der einfachste Hebel genügte, aber der Schraubenzug ist mit dem Hebel in Verbindung gebracht und der Zweck wird vollkommen erreicht, wenn auch nicht durch das nächste und darum beste Mittel.

Es leuchtet wohl jedermann ein, daß uns in diesem Drama auf eine Weise, wie es sonst nirgends geschieht, der Werdeprozeß eines bedeutenden Menschen in voller Unmittelbarkeit vorgeführt wird, daß wir in das charakteristische Durcheinander von rohen Kräften und wilden Trieben hineinschauen, aus denen ein solcher meistens hervorgeht, und daß wir ihn von seiner untersten Stufe an bis zu seinem Höhepunkt begleiten, auf dem der ungebändigt schweifende und in seiner Regellosigkeit der Gefahr der Selbstzerstörung ausgesetzte Komet sich in einen klaren, auf sich selbst beruhenden Fixstern verwandelt. Sollte es nun noch eines Beweises bedürfen, daß durch das Werk auch eine ganz einzige Wirkung möglich sei? Wenn es auch nichts als die tiefe psychologische Enthüllung dieses Werdeprozesses darböte, so müßte eine solche schon eintreten, denn unsere Theaterschriftsteller geben uns schon an und für sich selten genug Gelegenheit, vom Menschen mehr, als die Haut, kennen zu lernen, die freilich bei Napoleon und bei seinem letzten Korporal dieselbe ist; wenn sie uns aber auch in Ausnahmefällen einmal einen Blick in Herz und Nieren tun lassen, so muten sie uns wieder die bornierte Teilnahme für ein seltsam organisiertes Individuum zu und lassen es an allem und jedem Hintergrund fehlen. Doch die psychologische Seite ist mit außerordentlicher Kunst in unserem Drama zum bloßen Substrat herabgesetzt, aus dem sich eine ganz neue Gestalt der Tragödie entwickelt, welche auf wunderbare Weise die tiefsten tragischen Schauer und die leisen Entzückungen einer selbst in der dunkelsten Nacht nicht ganz verlöschenden Hoffnung ineinander mischt. Wir fühlen uns an einen lachenden Maimorgen erinnert, über dem sich mit furchtbaren Schlägen das erste Gewitter entladet, und das ist der Triumph der Komposition.

Eine Frage darf ich jedoch nicht unerörtert lassen, die Frage, wie es denn überhaupt möglich war, daß der Prinz von Homburg bei so hoher Bedeutung und so reicher Lebensfülle bis jetzt so wenig Theaterglück haben konnte. Die Antwort ist leicht. Das große Publikum hat, wie es das Poetische überhaupt gern in das dem Leben Widersprechende setzt, namentlich einen sonderbaren Begriff vom dramatischen Heldentum, und der größte Teil der Kritiker, die es belehren sollen, leider auch. Weil der Held in den meisten Fällen schon völlig fertig und bis auf die letzte Faser ausgeschmiedet im Drama auftritt, so wird angenommen, das müßte unter allen Umständen so sein. Daraus folgt denn, daß der Dichter schlimm daran ist, wenn er das Werden einmal, statt ausschließlich in die Handlung, zum Teil auch mit in den Hauptcharakter verlegt und deshalb die Sympathie, die er braucht, nicht gleich im Anfang, sondern erst am

Ende für diesen erregt. Dann nimmt man, selbst wenn man ihn schon kennt, auf der Stelle an, er habe sich verirrt, er schwärme für etwas Halbes, Unreifes, Unsittliches und er verlange, man solle mitschwärmen. Das verstimmt, man wartet den Schluß nicht ab, und wenn man's auch tut und hinter seine wahre Absicht kommt, so gibt man das Vorurteil doch nur zur Hälfte wieder auf. Dies hat sich schon bei manchen Gelegenheiten gezeigt. Kleist stieß mit dem Prinzen von Homburg nun noch obendrein gegen einen Fleck, der zu seiner Zeit, wo Theodor Körner die Leute in seinen Trauerspielen ordentlich darum um die Wette laufen ließ, wer zuerst sterben solle, zu den allerempfindlichsten gehörte. Todesfurcht und ein Held! Was zu viel ist, ist zu viel! Es war eine Beleidigung für jeden Fähnrich. »Ein Butterbrot verlangen Sie von mir? Das geb ich Ihnen nicht! Aber mein Leben mit Vergnügen!« v s

148. *Der zerbrochene Krug*

Der zerbrochene Krug gehört zu denjenigen Werken, denen gegenüber nur das Publikum durchfallen kann, denn deren gibt es auch, wie die Erfahrung lehrt. Er bietet uns einen Einfall und ein Sittengemälde zugleich, und der Einfall kann nicht ergötzlicher, das Sittengemälde nicht frischer und farbiger sein. Aber beide Elemente sind hier zum Genialen gesteigert, darum bedingen sie sich gegenseitig, nicht wie das baufällige Haus und der eingerammte Pfahl, der es stützt, einander bedingen, sondern organisch, wie Wurzel und Frucht, und darum ist der Zufall, so willkürlich er zu spielen scheint, doch nur das bunte Anagramm einer versteckten Notwendigkeit.

Der Grundgedanke, daß der Richter zugleich der Sünder ist, und daß dieser Richter nun durch die Art und Weise, wie er gerade diesen Prozeß entscheidet, sich vor seinem Oberen über seine Befähigung, seinem Amt noch länger vorzustehen, legitimieren soll, gehört gewiß zu den glücklichsten, die ein mitleidiger Gott jemals in einem menschlichen Gehirn entzündete. Auch nur mittelmäßig durchgeführt, könnte die Wirkung nicht ausbleiben. Aber wie weit übertrifft die Form, die der Dichter dem Gedanken gab, den Fond, der zum Zugreifen für jedermann in ihm liegt. Seit dem Falstaff ist im Komischen keine Figur geschaffen worden, die dem Dorfrichter Adam auch nur die Schuhriemen auflösen dürfte, und auch mit Falstaff ist Adam, dies Gemisch von Gutmütigkeit und Niederträchtigkeit, das Moses und die Propheten so wenig kennt wie ein diebischer Pudel und ihnen eben darum mit voller Gemütsruhe den Rücken zuwendet, nur weitläufig verwandt. Hier muß der Zuschauer nicht jeden Moment die Augen zudrücken und denken, ich will mich stellen, als ob ich die Ungereimtheit nicht merkte, um dem guten Mann, der mir Vergnügen machen will, den Spaß nicht zu verderben; hier hat er eine ununterbrochene Kette von zureichenden Ursachen und Wirkungen vor sich, an der er zerren und reißen mag, wie es ihm beliebt. Hier drängt sich der bloße nüchterne Witz, der doch eigentlich nur das Eingeweide der Gestalten bilden und ihnen nicht wie vorquellendes Gedärm um die Beine schlottern soll, nirgends vor und sucht durch schielende Verknüpfung der zum Stück gehörigen Elemente mit fremdartigen und seitwärts liegenden für die klaffenden Lücken des architektonischen Baues und die Fadenscheinigkeit der Figuren zu entschädigen; hier waltet der echte Humor, der bekanntlich nur durch Charaktere und Situationen redet. Und das ist die Kunst! Wer könnte denn ein Ding nicht auf den Kopf stellen und bei Kindern und kindischen Menschen dadurch ein leeres Gelächter erregen? Aber die Dinge, die die Natur allerhöchst unmittelbar auf den Kopf gestellt und ihnen die entsprechende Organisation gegeben hat, aus dem krausen Weltlauf heraus zu finden und sie trotz ihrer Abnormität auf das allgemeine Gesetz zurückzuführen, dazu gehört ein Meister. Dem zerbrochenen Krug fehlt nur ein Moment, ihm fehlt nur die Weiterleitung der Spiegelung bis in die höheren und höchsten Sphären hinauf, und er wäre eine vollendete Komödie. Aber auch so ragt er über alles, was unsere Literatur in diesem Kreise besitzt, weit hinaus.

Mancher schüttelt, indem er dies liest, vielleicht den Kopf und fragt: gibt es denn zwischen der Komödie und den Lustspielen unserer Kotzebue, Clauren, Töpfer, Benedix usw. noch einen Unterschied? Allerdings, es gibt sogar noch einen Unterschied, und einen sehr beträchtlichen, zwischen der Komödie und den Lustspielen von Molière und Holberg, die wahrlich schon sehr viel sind. Ich kann diesen Unterschied hier nicht näher entwickeln, ich will bloß an die Tatsache erinnern und einfach einen Zeugen zitieren, den niemand verwerfen wird: *Schiller* erklärte die Komödie einmal für die höchste Gattung der Poesie, und nicht bloß der dramatischen, sondern der Poesie überhaupt. Er machte ein anderes Mal aber auch das Distichon:

Fratzen hätten wir wohl, wir hätten auch Toren die Menge,
Leider helfen sie uns nur zur Komödie nicht!

Es fiel dem großen Tragöden nicht ein, sich den wohl-
verdienten Kranz abzunehmen und ihn einem prosaischen
Charakter- und Sittenmaler, oder gar einem ordinären Pos-
senreißer und Spaßmacher aufzusetzen, ja er hätte sich
selbst einem Molière und Holberg gegenüber dazu nicht
bewogen gefühlt. Aber der edle Kunstrichter hielt es für
seine Schuldigkeit, auf die seine eigenen Leistungen und
seinen eigenen Kreis noch überragende letzte Spitze der
Kunst in erhabener Selbstverleugnung hinzudeuten. Es
leuchtet wohl von selbst ein, daß die Spitze aus dem Ge-
samtgebäude hervorwachsen, und daß die Komödie, die als
solche gelten will, alle Elemente der Welt, wie die wahre
Tragödie, der sie sich doch zunächst gleichzustellen hat,
umfassen, dann aber, da sie dieselbe ja übertreffen soll, noch
etwas hinzutun muß. Worin besteht nun dies Etwas? In
dem freieren Überblick und der aus diesem entspringenden
größeren Gleichgültigkeit gegen die Einzelerscheinungen,
die der Tragöde weinend zerbrechen sieht, der Komöde
lachend selbst zerbricht! Wie unermeßlich weit die Sitten-
und Standesgemälde und die Schilderungen der Privat- und
Gemeindetorheiten, in denen man das Wesen der Komödie, trotz Aristophanes und Shakespeare, bei uns so lange
völlig erschöpft zu erblicken glaubte, hinter dieser Aufgabe
zurückbleiben, springt hoffentlich von selbst in die Augen,
und damit fällt denn auch wohl der absurde Schluß, daß wir
in Deutschland keine Komödie haben können, weil – wir
keine Hauptstadt haben! v s

149. *Heine*

Wenn es dem Dichter überhaupt oft genug begegnet, daß er seine nächsten und lautesten Wirkungen Elementen verdankt, die ihm seine ganze Zelebrität verleiden könnten, so hat Heine dieses vielleicht noch öfter erfahren als ein anderer. Ist es etwa die Grazie seiner scheinbar so nachlässigen Verse, die so viele unselbständige Geister zur Nachahmung reizt? Gewiß nicht, denn wer Grazie zu erkennen vermag, der erkennt auch, daß sie unnachahmlich ist. Es ist vielmehr die anscheinende Emanzipation von der Metrik, die sie verführt, es ist die Hoffnung, daß der Vers ohne Füße gehen müßte, da er mit Füßen nicht gehen will. Bewundert man den freien Geist, der Stoffe, welche die Kunst bisher verschmähen zu müssen glaubte, in ihren Dienst zu ziehen verstand, ohne sich und sie zu beschmutzen? Ich wollte, es wäre so, aber ich fürchte, eine gewisse rohe Freude, eben diese Stoffe, an denen der Priester sich sonst vornehm die Füße abwischte, bevor er den Tempel betrat, jetzt im Tempel selbst als Teppich über den Altar ausgebreitet zu sehen, hat einigen Anteil an dem Behagen, womit die Masse Beifall klatscht. Der Verfasser der Reisebilder ist viel gelobt und viel getadelt worden. Aber ich müßte mich in ihm irren, wenn ihn als Dichter nicht manches Lob empfindlicher berührt hätte, als mancher Tadel. Denn wegen des Besten, was man gegeben hat, von beschränkten Geistern begeifert zu werden, was will es heißen? Poesie zu genießen ist so gut ein Talent, als Poesie zu bringen. Aber sich von dem Lumpensammler freundbrüderlich die Hand drücken lassen zu müssen, weil man sich zuweilen, wie jener, in den Staub niederbückte, freilich nur um einen Diamanten aufzuheben, das muß fatal sein. Die Lyrik ist noch weit mehr als Drama und Epos Nationalausdruck eines Volks, und ein Dichter, der nicht harmonisch in dieser allgemeinen Volkspoesie aufgeht, hat geringen Wert, er mag so viel Ideen- und Phantasieschätze aufhäufen und so viel momentanen Enthusiasmus erregen, als er immer will. Die deutsche Lyrik hat zwei Faktoren: Gefühl und Reflexion, und am rationellsten, mithin am vollkommensten entwickelt sie sich, wo alle beide gleichmäßig und unzertrennt tätig sind, wo der Stoff aus der Tiefe des Gemüts als ein eigentümliches Gefühl aufsteigt und die Reflexion die einrahmende Form erzeugt. Diesem Grundtypus der deutschen Lyrik entspricht Heines Poesie durchaus, und darum ist er ein echter deutscher Dichter. Aus dem Innern des Gemüts quellen seine Lieder hervor, und wenn, seinem Naturell gemäß, bei ihm die Reflexion auch meistens die Gestalt des Witzes annimmt, so ist sein Witz doch nur das launige Veto, das dem Herzen gegenüber der Geist einlegt, niemals aber, oder selten, das kahle Zentrum des Gedichts. Heine ist Humorist. Was ist Humor, was ist, da wir es hier nur mit dem Liederdichter zu tun haben, zunächst lyrischer Humor? Was man gewöhnlich so nennt, ist ein leeres Produkt der Ohnmacht und der Lüge. Wer seine verworrenen Geistes- oder Gemütszustände nicht klären oder den hiezu notwendigen inneren Prozeß nicht mit Resignation und Ruhe abwarten kann, der wirft wohl den Fackelbrand des Witzes in das Chaos hinein und sucht, während vielleicht nur ein Kartenhaus in Flammen aufgeht, uns glauben zu machen, es sei eine werdende Welt. Der Humor ist empfundener Dualismus; nicht die Karikatur des Ideals soll er zeichnen oder seinen Schatten, sondern das Ideal selbst in seinem vergeblichen Ringen nach Gestaltung. Allein, wenn die positive Kunst den Abgrund, der das Wirkliche von dem Möglichen scheidet, zu überfliegen sucht, so stürzt der Humor, als die negative, sich in diesen Abgrund hinunter, und hierin liegt so viel Verzweiflung, aber nicht so viel Trost, wie in der erschütterndsten Tragik, wenn er, was allerdings sehr selten ist, rein und rund zur Erscheinung kommt. Das ist bei Heine z. B. in dem schönen Gedicht: Mein Herz, mein Herz ist traurig usw. der Fall.

Man hat der Heineschen Poesie vielfältig die innere Wahrheit abgesprochen. Wohl nur, weil man ihr Individuelles nicht immer aufzufassen verstand. Es gibt aber in ästhetischen Dingen eine doppelte Wahrheit, wonach man zu fragen hat: die Wahrheit des Stoffes und die Wahrheit der Form, und die letztere hängt mit dem Ethischen noch enger zusammen, als die erstere. Es ist nicht genug, daß unser Gedachtes und Empfundenes wahr sei; damit kann ja auch kaum geheuchelt und betrogen werden, denn woher eigentümliche Empfindungen und Gedanken nehmen, wenn man sie nicht hat? Auch der Darstellungsprozeß, worin die Form gewonnen wird, soll wahr sein; er soll aus dem Drange des Überflusses hervorgehen und Götter in die Welt setzen, nicht Lemuren. Dieses ist der wichtigste Punkt, denn von der Gestalt, worin eine Idee zur Erscheinung gelangt, hängt es ab, ob sie wie ein Jupiter verehrt oder wie ein Vitzliputzli verspottet werden soll, doch eben um diesen Punkt wird der plumpe Ästhetiker sich nie bekümmern. Er rechnet dafür die Gedanken und Bilder zusammen und vergißt, daß man dies alles bei jedem der Berücksichtigung irgend würdigen Gegenstand voraussetzen muß, und daß Achill und Thersites sich in allem, nur nicht im Fleisch und Blut, voneinander unterscheiden. Bei Heine ist die Darstellung ein Quellen, kein Pumpen, wie gewiß ein jeder empfindet, der das Buch der Lieder auch nur durchblättert: bei der Wahrheit der Form ist aber die Unwahrheit des Stoffes undenkbar. Übrigens wird sich der Humorist den Vorwurf der Unwahrheit weit öfter gefallen lassen müssen, als der ernste Dichter. Einen erkünstelten Hymnus verzeihen wir gern um Gotteswillen, an den er gerichtet ist, aber einen verunglückten Witz nimmermehr. Hier wäre Schlimmes und Schlimmstes zu sagen: doch werde einstweilen nur noch in bezug auf Heine ausdrücklich bemerkt, daß es völlig so ungerecht sein möchte, ihn deswegen, weil er seinen tiefen, schönen Wald- und Meerliedern kecke, scharfe Zeichnungen fauler sozialer Zustände gegenüber stellte, zu schelten, als es abgeschmackt ist, ihm für die an diese toten Dinge verschwendeten neckischen Galvanisierungsversuche zu danken, statt für die dadurch in Geist und Gemüt des Dichters hervorgerufenen frischen, lebendigen Gegensätze.

Bei diesen allgemeinen Bemerkungen möchte ich es bewenden lassen. Dem Auge kann man zu Hilfe kommen, der Zunge nicht. Wer es nicht fühlt, daß Lieder, wie das Fischermädchen, die Wallfahrt zu Kevlaar, die Meerlilie und andere ganze Bände Lehrgedichte und ähnliches in die Lüfte schnellen, dem wird es keiner begreiflich machen. v s

In der Lyrik fand Heine eine Form, worin die desperatesten
Töne, der Ausdruck einer vom Krampf ergriffenen Welt
gellend zusammenklingen, um als reizende Musik wieder
davon zu säuseln; seine Liedersammlung mahnt an den
fabelhaften ehernen Stier des Phalaris, welcher nach der
Sage so eingerichtet war, daß das Verzweiflungsgeschrei
des Sklaven, der in seinem glühenden Bauche den Tod erlitt,
als schmeichelnde Harmonie zur Ergötzung des Königs
hervordrang, und die Ergötzung ist hier um so erlaubter, als
Quäler und Gequälter in einer und derselben Person zusammenfallen. Kein Einsichtiger wird in Abrede stellen,
daß der freie, starke Geist, dem das gelang, den Vorrang vor
einem Dichter verdient, der nie über die Passivität hinaus
kam und dessen ganze Entwicklung darin bestand, daß er
den kleinen Familienfriedhof, auf dem er anfangs als
Totenvogel brütete, zuletzt wenigstens mit der ungeheuren
Schädelstätte der Geschichte vertauschte, auf der man sich
eine Melancholie ohne Ende eher gefallen lassen kann. Lenau stellt sich der Welt mit seiner Lupe so gegenüber, wie
etwa der aufs Detail ausgehende Physiolog dem Menschen-
angesicht; vor seinem krampfhaft festgehaltenen Glase verschwinden die schönen Linien, die jeder Unbefangene erblickt, die Poren aber, die sonst unsichtbar sind, klaffen
weit auf, als ob es Klüfte und Abgründe wären, und er setzt
die starre Betrachtung so lange fort, bis er die Lupe, die im
einzelnen richtig, im ganzen aber betrügerisch reflektiert,
für sein Auge hält. Das führt denn freilich nicht zu jener
göttlichen Befreiung, von der Goethe meint, daß sie die
erste und letzte Aufgabe aller Poesie sei. Heine läßt die

Weltkugel zwar nicht im hellen Sonnenschein auf der Fingerspitze tanzen, wie Goethe, sondern er zerschlägt sie, aber er tut es nur, wie er mir selbst einmal höchst bezeichnend sagte, als er mit mir bei Gelegenheit der Judith über den Unterschied unseres gegenseitigen Produzierens sprach, um den einzelnen Stücken dann den reinsten Schliff zu geben. Dabei kommt noch immer Lust und Leben heraus. v s

151. Stifters *Nachsommer*
Drei starke Bände! Wir glauben nichts zu riskieren, wenn wir demjenigen, der beweisen kann, daß er sie ausgelesen hat, ohne als Kunstrichter dazu verpflichtet zu sein, die Krone von Polen versprechen. Wir machen jedoch den Verfasser nur in geringem Grade für das mißratene Buch verantwortlich; er war sogleich bei seinem ersten Auftreten Manierist und mußte, verhätschelt, wie er wurde, zuletzt natürlich alles Maß verlieren. Anfangs schüchtern und durch die Erinnerung an Lessings Laokoon in der behäbigen Entfaltung seiner aufs Breite und Breiteste angelegten Beschreibungsnatur vielleicht noch ein wenig gestört, machte er bald die Erfahrung, daß dieser einst so gefährliche Laokoon in unseren Tagen niemand mehr schadet, und faßte Mut. Zuerst begnügte er sich, uns die Familien der Blumen aufzuzählen, die auf seinen Lieblingsplätzen gedeihen; dann wurden uns die Exemplare vorgerechnet, und jetzt erhalten wir das Register der Staubfäden. Was wird hier nicht alles weitläufig betrachtet und geschildert; es fehlt nur noch die Betrachtung der Wörter, womit man schildert, und die Schilderung der Hand, womit man diese

Betrachtung niederschreibt, so ist der Kreis vollendet. Ein Inventar ist ebenso interessant, und wenn die Gerichtsperson, die es abfaßt, ihr Signalement hinzufügt, so sind auch alle Elemente dieser sogenannten Erzählung beisammen. VS

152. Grabbes *Napoleon*
Es ist, als ob ein Unteroffizier die große Armee kommandierte: man hört überall Lärm genug, aber man sieht nicht, man erfährt nur gelegentlich, daß der Lärm auch etwas bedeute. Ich kann die Unmöglichkeit, einen Stoff, der der nächsten Vergangenheit angehört, durch einen großen Dichter gehörig behandelt zu sehen, nicht finden, aber ich finde allerdings, daß ein solcher Stoff nicht in den *Schacher* der *Halben* paßt. Die Masse des Publikums sieht bis an die Wolken (weiter freilich nicht) recht gut und läßt sich wohl einen tätowierten Cäsar gefallen, weil sie von Rom nichts weiß, aber keinen tätowierten Napoleon, weil sie, hauptsächlich seit er tot ist, fühlt, daß und wie er gelebt hat. Hier also heißt es: weck ihn auf, Poet, wenn du kannst, ihn selbst, den Mann, dessen Worte Schlachten waren und dessen Schlachten *Worte*, oder schweig, bis unsere Enkel fünf Fuß messen; dann magst du sein *Gespenst* schicken! Übrigens ist der Grabbesche Napoleon nicht einmal eine Figur; das ganze Stück kommt mir vor wie ein Schachspiel.

Ein Drama, welches Napoleon zum Gegenstand hat, muß sich gewissermaßen Vergangenheit, Gegenwart und Zukunft zugleich zur Aufgabe setzen, muß ihn durch die Vergangenheit motivieren und die Zukunft durch ihn. Eine ungeheure Aufgabe! Napoleon, als darzustellender Charakter an sich betrachtet, will nur durch ein Gewitter von Taten gezeichnet sein; mit Worten muß der Darsteller so sparsam sein, daß er ihn kaum befehlen lassen darf.   T

153. *Saphir*

Saphir ist eine *Spezialität*. Wißt ihr, was das heißt? Stellt euch einmal einen gewöhnlichen Menschen vor, aus welcher Klasse es sei, einen Schuster oder Schneider, einen Advokaten, einen Arzt, genug, wen ihr wollt! Seht ihr ihn allein? Nichts weniger, als das! Hunderte und Tausende stehen hinter ihm, jeder ist ihm ähnlich und bereit, an seine Stelle zu treten, jeder kann ungefähr dasselbe leisten, und er braucht nur Platz zu machen, so ist er augenblicklich ersetzt, man wird ihn nicht vermissen. Nun denkt euch eine Spezialität, in welchem Kreise es euch gefällt! Ihr könnt sie hassen, ihr könnt sie lieben, ihr könnt sie bewundern, ihr könnt sie schmähen, aber ihren Ersatzmann könnt ihr nicht nennen, sie steht allein, sie ist ein Gewächs, von dem in der ganzen weiten Welt nur ein einziges Exemplar existiert.

Dies Spezifische, das ihm innewohnt und das ihm von Freunden und Feinden zugestanden werden muß, hat Saphir auch in seinen beiden Volkskalendern wieder glänzend betätigt. Er könnte demjenigen, der imstande wäre, sie durchzulesen, ohne herzlich zu lachen, seinen Kopf versprechen und würde nicht das mindeste riskieren, nicht einmal bei einem von denen, auf deren Kosten er diesmal seine Witze gemacht hat. Denn jeder fühlt, daß Saphir einer unwiderstehlichen Naturnotwendigkeit gehorcht, wenn er gerade die verzerrten und schiefen Seiten an Dingen, Personen und Verhältnissen auffaßt und hervorhebt, daß er gar nicht anders kann, wenn er durch seine Einfälle das Größte und das Kleinste miteinander verknüpft, und darin liegt seine Rechtfertigung. Dies unterscheidet ihn auch von Leuten, die seine Brüder zu sein scheinen, und die, genau betrachtet, nicht einmal entfernt mit ihm verwandt sind.

Das Spezifische in Saphir hat eine tiefe nationale Wurzel und dürfte leicht mit ihm verlöschen. Es ist nicht zufällig, daß gerade die jüdischen Schriftsteller der neueren Zeit bis jetzt so witzig waren, und es ist, wie die Bibel beweist, wahrlich nicht auf Palästina zurückzuführen. Wer immer gebückt und geduckt gehen, wer den Kopf immer zwischen den Schultern tragen muß und nur blinzeln darf, dem verschieben sich die reinen runden Linien des Universums ganz von selbst zum scharfkantigen Zickzack, doch das nimmt mit der Ursache selbst natürlich ein Ende. Die Emanzipation wird den Juden in jeder Beziehung zum Heil gereichen, aber ihrem Witze wird sie schaden. v s

154. *Der Genovevastoff*
Der dramatische Dichter kann den Golo des alten Volksbuchs nicht brauchen, nur, wenn es ihm gelingt, diesen flammenden, hastigen Charakter aus menschlichen Beweggründen teuflisch handeln zu lassen, erzeugt er eine Tragödie. Golo liebt ein schönes Weib, das seiner Hut übergeben ward, und er ist kein Werther: darin liegt sein Unglück, seine Schuld und seine Rechtfertigung. Die Liebe selbst, für die er nicht kann, ist schon Sünde, und je edler sein Gemüt ist, je schmerzlicher wird er diese ihm angeflogene Sünde empfinden; Haß des Gegenstandes, der ihn, wenn auch unbewußt, mit sich selbst entzweite, mischt sich von Anfang

an in sein süßestes Gefühl und ist nicht einmal durchaus ungerecht. Die Harmonie seines Innern ist einmal gestört, er
kann sich selbst nicht mehr achten; soll jenes umsonst geschehen sein? Er ward auf den Weg gestoßen, umzukehren
steht nicht in seiner Gewalt, das reizende Ziel schwebt ihm
stets vor Augen: ist es ein Wunder, daß er es zu erreichen
strebt? Vielleicht täuscht er sich selbst eine Zeitlang und
faßt Entschlüsse, die er nicht auszuführen vermag; plötzlich übermannt ihn die Stunde, er gesteht seine Leidenschaft und – bloß gewollt, oder vollbracht, das Verbrechen
ist gleich groß, die Schande ist im ersten Fall sogar größer.
Er bittet Genoveva um Liebe, das heißt, er verlangt von ihr,
daß sie in den Ehebruch willigen soll; auch dies ist bedeutend für sie, wie für ihn. Kann und darf sie ihrem Gemahl,
selbst, wenn sie es verspricht, verbergen, welchen Verrat
sein Freund an ihm üben wollte; kann Golo sich sicher fühlen, wenn sie rein bleibt? Eine Herstellung des Verhältnisses ist nicht möglich; ein Weib, das ein solches Geheimnis
bewahren soll, steht über einer Mine, sie ist eine Blume mit
einer brennenden Kohle im Schoß, das Geheimnis vernichtet sie, und sie mag es verschweigen oder nicht, immer verstößt sie, hier oder dort, gegen ihre Pflicht, ja offenbart
wirkt es vielleicht nicht so fürchterlich als unterdrückt und
durch einen Zufall unfreiwillig ans Licht gezerrt; Golo,
nachdem er begann, muß vollenden, selbst dann, wenn er
die Glut seines Herzens erstickt, er muß vollenden, um nur
das zu retten, was er längst besaß. Dazu kommt, daß eben
der edelste Verführer am wenigsten an die Heiligkeit des
kalten Weibes glauben kann; warum soll sie höher stehen,
wie er, und, wenn sie durch irgend einen fallen *muß*, warum

nicht durch ihn? So geht Golo Schritt vor Schritt, wollend und nicht wollend, weiter, der Preis wächst mit der Mühe, nur ein großer Entschluß kann die tausend Stricke zerreißen, welche Zufall und Schicksal aus einem einzigen wahnsinnigen Augenblick gesponnen haben. Aber das erdrückende Bewußtsein der Unwürdigkeit macht den großen Entschluß für das knirschende, in sich zusammenbrechende Gemüt zu schwer; nur, wer den Himmel verdient, leistet leicht und freudig auf die Erde Verzicht; nur der wirft das Leben gern weg, der etwas daran wegzuwerfen hat. Schon das steht einem solchen Entschluß im Wege, daß er nicht früher, daß er nicht damals gefaßt ward, als er noch alles gut machen, oder, richtiger, noch alles abwenden konnte; auch die Tugend ist an einen bedingenden Moment geknüpft. Ein Unverzeihliches, das Golo gegen die Gräfin begeht, erzeugt das andere; kann er vor dem letzten Schritt zurückbeben, nachdem nur noch dieser übrig blieb? Der letzte ist nicht so arg als der erste, denn er ist notwendig, da dieser freiwillig war, er muß vergeben werden, wenn dieser vergeben wird; gegen Genoveva kann Golo überall nicht so freveln, als er schon gegen seinen Freund gefrevelt hat, und der Mensch ist verrückt genug, in der großen Sünde eine Art von Freibrief für die kleineren zu sehen. Genovevas Schicksal muß erfüllt werden, damit Golos *Hölle* ganz werde; kann er nicht ganz selig sein, so will er doch ganz verdammt sein. Er läßt sie ermorden und ist nun als Verbrecher, was er ehemals als Mensch und Mann war, denn dahin drängt ein ewiges Gesetz der Natur, nur fallende Engel wurden Teufel, nicht der fallende Mensch. Dies sind die Hauptmomente: eine ungeheure Bluttat, die aus einem holden

Lächeln, einem falsch ausgelegten gütigen Blick entspringt;
himmlische Schönheit, die durch sich selbst, durch ihren
eignen Glanz, ihren göttlichen Adel, in Marter und Tod
stürzt. Golo wird sich seiner heimlichen, das Licht scheu-
enden Liebe zum erstenmal mit Schrecken bewußt, als Genoveva von ihrem Gemahl Abschied nimmt und in dieser
bangen Stunde, wo Angst und Furcht des Kommenden sie
überwältigen, ihr ganzes, stillglühendes Herz mit seinem
unendlichen Reichtum gegen den Scheidenden aufschließt;
des Himmels reinster Blick entzündet die Hölle. Erschütternd und tragisch in höchster Bedeutung ist dieser ver-
hängnisvolle Augenblick; erschütternd und tragisch in jedem Sinn und auf jedem Punkt ist das Schicksal Golos, der
nicht weniger, wie Genoveva selbst, durch die Blüte seines
Daseins, durch sein edelstes Gefühl, das durch böse Fügung
mißgeboren in die Welt tritt, unabwendbarem Verderben
zum Opfer fällt. Genoveva kann und darf nicht im Vordergrund stehen; ihr Leiden ist ein rein äußerliches und zugleich ein solches, das die tiefsten Elemente ihres Wesens,
die religiösen, befruchtet und entfaltet und sie als Mutter,
da sie, trotz ihrer Verlassenheit, ihre mütterliche Pflicht zu
erfüllen weiß, hoch über alle anderen Mütter hinaufstellt;
sie ist ein durchaus christlicher Charakter, den der Scheiter-
haufen nicht verzehrt, sondern verklärt; sie muß (und dies
in bezug auf sie Hauptvorwurf der Darstellung) zu Gott in
dasselbe Verhältnis kommen, worin sie einst zu Siegfried
stand, es muß veranschaulicht werden, daß ihre irdische
Liebe von jeher nur eine sich selbst noch nicht erkennende
höhere war. Sie sei im Gedicht der mildernde linde Mond
hinter Sturm- und Gewitterwolken! Der *Schuldigste* ist der

Pfalzgraf; warum hat er eine solche Natur, die ihn bis auf den Grund in ihr klares Innere hinabschauen ließ, nicht erkannt? Es ist ungleich sündlicher, das Göttliche in unserer Nähe nicht zu ahnen, es ohne weitere Untersuchung für sein schwarzes Gegenteil zu halten, als es in weltmörderischer Raserei zu zerstören, weil wir es nicht besitzen können. Er allein darf durch die Katastrophe gestraft werden, und er wird gestraft, denn er findet die beweinte Verstoßene nur wieder, um die zermalmende Überzeugung zu gewinnen, daß das Band zwischen ihm und ihr für Zeit und Ewigkeit zerrissen ist. Für Genoveva ist dies Wiedersehen die letzte Verklärung; auch ihr *Bild* ist jetzt rein. T

155. *Die Dramatisierungen des Nibelungenlieds*
Ob das Nibelungenlied die dramatische Behandlung vertrage oder nicht, ist seit lange eine offene Frage der Literatur. Der Versuche liegen mehrere vor, aber keiner ist entscheidend gewesen, obgleich sich in Fouqué ein echt poetisches und in Raupach ein unbestreitbares theatralisches Talent dazu ansetzte. Fouqués Dichtung ist auch wirklich nicht arm an einzelnen charakteristischen Zügen, aber sie leidet an jener gesuchten Erhabenheit, die ebenso einförmig als unerträglich ist und die Zirkulation des Blutes aufhebt, so daß die Menschen erfroren umfallen, wie auf hohen Alpen; er stellt Geschöpfe hin, die mit uns gar nicht mehr verwandt sind, weil sie wie die Bewohner des Mondes, wenn er deren hätte, ohne Luft und Wasser leben können. Raupachs Drama ist mit der gewohnten Geschicklichkeit des Verfassers auf den Theatereffekt berechnet und wird seinen Zweck auch selten verfehlen, wenn die Hauptrollen gehö-

rig besetzt werden; an und für sich betrachtet, bleibt es auch hinter den bescheidensten Ansprüchen zurück und gleicht einem buntscheckigen Gemälde, das zum Teil aus einem zerschnittenen Nürnberger Bilderbogen, zum Teil aus den Resten und übriggebliebenen Fetzen eines Michel Angelo zusammengeklebt ist. Das gewaltige Epos, das zugrunde liegt, ließ sich nicht ganz zerstören, hier und da ragt in die moderne Bettelwirtschaft noch der eine oder der andere der riesenhaften ursprünglichen Umrisse hinein, hin und wieder zeigt einer der urweltlichen Recken noch die eherne Faust. Aber das Alte taucht nur auf, um das Neue totzuschlagen und dann wieder spurlos zu verschwinden. Der Grund des Mißlingens liegt in beiden Fällen in der Motivierung. Fouqué motiviert gar nicht, er stellt seine Helden wie mathematische Größen hin, und wenn sie nun im Tode den Hauptspaß des Lebens erblicken und im Schlangenturm, von den Würmern schon angefressen, noch Kampf- und Schlachtlieder singen, so überrascht uns das so wenig, wie irgend eine neue Bestätigung des alten Satzes, daß zweimal zwei vier sind, rührt und erschüttert uns aber auch ebensowenig. Raupach dagegen motiviert verkehrt; er bleibt stehen oder trippelt im Hahnenschritt näher, wo er nicht schnell genug vorübereilen könnte, und zieht Siebenmeilenstiefeln an, wo er verweilen sollte. Denn, wie alle, denen die Einsicht in die Natur des Mythos versagt ist, will er das Ungeheure, das auf Glauben rechnen muß, weil es alles Maß überschreitet, motivieren und läßt dabei die Momente, wo die Recken zum Menschlichen zurückkehren und wo der Dichter sie dem Gemüt näher zu führen vermag, unbenutzt. Der neueste Bearbeiter, Emanuel Geibel, hat nun ganz einfach mit dem Mythos gebrochen und alles, was an ihn erinnert, über Bord geworfen; dieser Ausweg scheint uns jedoch der unglücklichste von allen. Zunächst gelingt das Manöver nicht ganz, der Lindwurm und die Tarnkappe werden zwar beseitigt, aber die Brunhild mit ihrer Riesenkraft bleibt übrig und nimmt sich ungefähr so aus, wie ein Walfisch unter Blumen und Schmetterlingen, während er doch mit den Robben oder dem Hai spielen müßte. Dann aber vernichtet das Manöver geradezu den Stoff und würde, wenn es unumgänglich notwendig sein sollte, nur beweisen, was von so mancher Seite mit Nachdruck behauptet wird, daß dieser sich für die dramatische Behandlung durchaus nicht eignet. Denn das Eigentümliche desselben liegt ja eben in der wunderbaren Mischung des Ungeheuren und des rein Menschlichen, und wenn man diese dunkle, blutige Fabel, die recht gern aus einer Hofgeschichte hervorgegangen sein kann, wieder zur Hofgeschichte herabsetzt, so ist die Frage erlaubt, warum man nicht noch einen Schritt weiter ging und auch die Namen strich. Von Hagen erträgt man's nicht, wenn er über Zurücksetzung klagt und sich mit einem alten Hunde vergleicht, der aus der Tür gejagt wird; sein Grimm stammt aus einer anderen Quelle. Aber einem quieszierten Hofmarschall würde man mit Ruhe zuhören und ihm, wenn der Mann sonst brav und gut wäre, sein herzliches Mitleid schenken. Das Stück ist daher als ein unbedingt verfehltes zu bezeichnen, so lange man es als den dritten namhaften Versuch betrachtet, das Zaubergold des Nibelungenhorts zu heben; sonst aber steht es in nichts hinter dem »König Roderich« des Dichters zurück und ist ebenso reich an sinnigen Gedanken, zarten Empfindungen und reizend ausgemalten Bildern, wie dieser. Daß es bei einem so großen Mißgriff im ganzen für die Literaturfrage selbst nichts entscheidet, braucht nicht erst bemerkt zu werden. v s

156. Vorrede zu den *Nibelungen*

Der Zweck dieses Trauerspiels war, den dramatischen Schatz des Nibelungenliedes für die ernste Bühne flüssig zu machen, nicht aber den poetisch-mythischen Gehalt des weitgesteckten altnordischen Sagenkreises, dem es selbst angehört, zu ergründen, oder gar, wie es schon zum voraus auf eine jugendliche, vor bald zwei Dezennien publizierte und überdies noch arg gemißdeutete Vorrede hin in einer deutschen Literaturgeschichte prophezeit wurde, irgend ein modernes Lebensproblem zu illustrieren. Die Grenze war leicht zu treffen und kaum zu verfehlen, denn der gewaltige Schöpfer unseres Nationalepos, in der Konzeption Dramatiker vom Wirbel bis zum Zeh, hat sie selbst haarscharf gezogen und sich wohl gehütet, in die Nebelregion hinüber zu schweifen, wo seine Gestalten in Allegorien umgeschlagen und Zaubermittel an die Stelle allgemein gültiger Motive getreten wären. Ihm mit schuldiger Ehrfurcht für seine Intentionen auf Schritt und Tritt zu folgen, so weit es die Verschiedenheit der epischen und dramatischen Form irgend gestattete, schien dem Verfasser Pflicht und Ruhm zugleich, und nur bei den klaffenden Verzahnungen, auf die der Geschichtsschreiber unserer Nationalliteratur bereits mit feinem Sinn und scharfer Betonung hinwies, ist er notgedrungen auf die älteren Quellen und die historischen Ergänzungen zurückgegangen.

Es ist nämlich gar nicht genug zu bewundern, mit welcher künstlerischen Weisheit der große Dichter den mystischen Hintergrund seines Gedichts von der Menschenwelt, die doch bei oberflächlicher Betrachtung ganz darin verstrickt scheint, abzuschneiden gewußt und wie er dem menschlichen Handeln trotz des bunten Gewimmels von verlockenden Riesen und Zwergen, Nornen und Walküren seine volle Freiheit zu wahren verstanden hat. Er bedarf, um nur die beiden Hauptpunkte hervorzuheben, auf der einen Seite zur Schürzung des Knotens keiner doppelten Vermählung seines Helden und keines geheimnisvollen Trunks, durch den sie herbeigeführt wird; ihm genügt als Spiralfeder Brunhilds unerwiderte Liebe, die ebenso rasch unterdrückt als entbrannt und nur dem tiefsten Herzenskenner durch den voreiligen Gruß verraten, erst der glücklichen Nebenbuhlerin gegenüber wieder als Neid in schwarzen Flammen auflodert und ihren Gegenstand auf alle Gefahr hin nun lieber dem Tode weiht, als ihn dieser überläßt. Er überschreitet aber auch, obgleich ihm dies oft und nicht ohne anscheinenden Grund vorgeworfen wurde, auf der andern Seite bei der Lösung des Knotens ebensowenig die Linie, wo das Menschliche aufhört und das tragische Interesse erlischt, ja er wagt sich noch lange nicht so weit wie Aeschylos in seiner Klytämnestra, die, von neuen Begierden aufgeregt, weit mehr oder doch wenigstens ebenso sehr durch ihren heimtückischen Mord den Besitz des errungenen zweiten Gatten verteidigt, als die Manen der hingeschlachteten Tochter sühnt. Denn, wie Kriemhilds Tat uns auch anschauern mag; er führt sie langsam Stufe nach Stufe empor, keine einzige überspringend und auf einer jeden ihr Herz mit dem unendlichen, immer steigenden Jammer entblößend, bis sie auf dem schwindligen Gipfel anlangt, wo sie so vielen mit bittrem Schmerz gebrachten und nicht mehr zurückzunehmenden Opfern das letzte, ungeheuerste noch hinzufügen, oder zum Hohn ihrer dämonischen Feinde auf den ganzen Preis ihres Lebens Verzicht leisten muß, und er söhnt uns dadurch vollkommen mit ihr aus, daß ihr eigenes inneres Leid selbst während des entsetzlichen Racheakts noch viel größer ist als das äußere, was sie den anderen zufügt.

Alle Momente des Trauerspiels sind also durch das Epos selbst gegeben, wenn auch oft, wie das bei der wechselvollen Geschichte des alten Gedichts nicht anders sein konnte, in verworrener und zerstreuter Gestalt oder in sprödester Kürze. Die Aufgabe bestand nun darin, sie zur dramatischen Kette zu gliedern und poetisch zu beleben, wo es nötig war. N

157. Klara in der *Maria Magdalena*.
Gretchen im Faust ist auch eine schwangere Heldin, und dies Gretchen gehört nicht bloß zu den höchsten und reinsten Gestalten aller Poesie, sondern es wird gespielt, eben aber auf den Zustand des Mädchens wird die ganze Katastrophe gebaut, mit jenem fällt sie weg und mit ihr der ganze Faust. Klärchen im Egmont ist noch etwas viel Schlimmeres, sie ist eine Dirne, die Dirne eines Grafen, den sie nie besitzen kann, aber weil der Dichter sie mit einem über alle bloße Sitte weit hinausgehenden und sie vergessen machenden sittlichen Adel zu umkleiden wußte, fällt das keinem ein, oder doch nur demjenigen, dem auch bei Raffaels Ma-

donna allerlei einfällt. Das Problematische ist der Lebensodem der Poesie und ihre einzige Quelle, denn alles Abgemachte, Fertige, still in sich Ruhende ist für sie nicht vorhanden, so wenig wie die *Gesunden* für den *Arzt*. Nur, wo
das *Leben* sich *bricht*, wo die inneren Verhältnisse – die *äu
ßeren* sind für den Handwerker da, der sie durcheinanderschiebt und dadurch dann freilich auch die müßige Neugier
befriedigt, ja, wenn er sie wieder zurechtrückt, eine so vollständige Versöhnung zustande bringt, daß der wahre Dichter, der sich eben mit dem Unauflöslichen beschäftigt, und
der das Böse so wenig aus dem Ring seines Dramas verweisen kann, als Gott es aus der Welt verweisen konnte, weit
hinter dem Mann zurückbleibt – nur, wo die inneren Verhältnisse sich verwirren, hat die Poesie eine Aufgabe, und
wenn es ihr verwehrt wird, sie hier zu suchen, wenn man sie,
statt sie zu fragen: bringst du die *Gesundheit*, nämlich den
geläuterten sittlichen Zustand, wieder hervor, fragt, warum
sie sich mit einem so häßlichen *Fieber*, worin die Helden
nur noch Unterjacken, aber nicht die Toga tragen, befaßt,
so ist kein dramatischer Messias möglich, oder vielmehr, da
das Drama sich auch im Notfall selbständig entfalten kann,
er wird für das Theater seiner Zeit nicht vorhanden sein.
Nur auf die Behandlung des Prozesses und auf das Resultat,
das aus ihm hervorgeht, kommt es an, und was die Behandlung des hier in Frage stehenden Verhältnisses betrifft, so
weiß ich, daß sie nicht zarter sein kann, und bilde mir auf
diesen Mädchencharakter, besonders aber auf die Spitze
desselben in der Schlußszene des zweiten Akts – wenn ich es
anders sagen darf – etwas ein. Das Resultat aber ist ein so
vollständiges, wie nur irgend möglich, denn ein Fehltritt,

der eigentlich gar keiner ist, weil das unglückliche Wesen ja nicht sowohl vom geraden Weg abweicht, als aus diesem Wege herausgedrängt und gestoßen wird, kann nicht entsetzlicher gebüßt werden, und ich dächte, das Tragische der ganzen Situation, das sich mit dem Bedenklichen *zugleich*, nicht erst *hinterher*, entfaltet, sollte jeden Gedanken an dieses entfernt halten. Ja, ich bin überzeugt, daß eine Schauspielerin, die auf die tragischen Motive das gehörige Gewicht legt, die übrigen ebensogut vergessen macht, als uns im Faust Gretchens: ach, neige, du Schmerzensreiche über das Anstößige ihres Zustandes weit hinausführt. Es ist gewiß nicht die Sucht nach dem Ungewöhnlichen, und hoffentlich auch keine Lücke in meinem geistigen Organismus, was mich veranlaßt, mein Gebilde so und nicht anders hinzustellen: ich befolge nur das einfache Gesetz, das zu allen Zeiten von den Meistern der tragischen Kunst befolgt wurde: das minder Wesentliche dem Wesentlichen zu opfern. Jeder wird mir zugeben müssen, daß mein Stück ohne den Punkt, der eingeräumt werden muß, nicht möglich ist; mancher wird aber doch Anstand nehmen, zu sagen, daß es auch besser sei, wenn es wirklich nicht existierte. B

158. Den Keim meines Unglücks kenne ich sehr wohl: es ist mein Dichtertalent. Dieses ist zu groß, als daß ich es unterdrücken, zu klein, als daß es mich für die darauf zu verwendende Sorgfalt verhältnismäßig lohnen könnte. Doch muß ich noch hinzufügen, daß nur der schlimme Weg, den ich durchs Leben machen mußte, mich zu meinem Talent in ein so übles Verhältnis gestellt hat. Ich fühle es nur zu deutlich: die Handhaben, die Hebel, durch die

sich meine Kräfte in Bewegung setzen lassen, sind zerbrochen, und ich bin viel reicher, als mir je gelingen wird, zu zeigen. Nur, wer sich in einem ähnlichen Fall befindet, vermag zu fühlen, was dies heißt. Es ist wahr, bei dem ewigen Gott, es ist wahr, ich weiß nichts so gewiß, als dies. Wie mir, mag einem Menschen sein, der um ein Bein gekommen ist; wenn er sitzt, oder liegt, wird er die vollste Gehkraft verspüren und vor keinem Ziel zurückschaudern, steht er aber auf, so ist er lahm und wird wohl gar ausgelacht. Ich bleibe dabei: die Sonne scheint dem Menschen nur einmal, in der Kindheit und der früheren Jugend. Erwarmt er da, so wird er nie wieder völlig kalt, und was in ihm liegt, wird frisch herausgetrieben, wird blühen und Früchte tragen. Tieck sagt in diesem Sinne irgendwo: nur wer Kind war, wird Mann; ich erbebte, als ich dies zum ersten Male las, nun hatte das Gespenst, das mich um mein Leben bestiehlt, einen Namen. Wie war nicht meine Kindheit finster und öde! Mein Vater haßte mich eigentlich, auch ich konnte ihn nicht lieben. Er, ein Sklave der Ehe, mit eisernen Fesseln an die Dürftigkeit, die bare Not geknüpft, außerstande, trotz des Aufbietens aller seiner Kräfte und der ungemessensten Anstrengung, auch nur einen Schritt weiter zu kommen, haßte aber auch die *Freude*; zu seinem Herzen war ihr durch Disteln und Dornen der Zugang versperrt, nun konnte er sie auch auf den Gesichtern seiner Kinder nicht ausstehen, das frohe, Brust erweiternde Lachen war ihm Frevel, Hohn gegen ihn selbst, Hang zum Spiel deutete auf Leichtsinn, auf Unbrauchbarkeit, Scheu vor grober Handarbeit auf angeborne Verderbnis, auf einen zweiten Sündenfall. Ich und mein Bruder hießen seine Wölfe; unser

Appetit vertrieb den seinigen, selten durften wir ein Stück Brot verzehren, ohne anhören zu müssen, daß wir es nicht verdienten. Dennoch war mein Vater (wäre ich davon nicht innig überzeugt, so hätte ich so etwas nicht über ihn niedergeschrieben) ein herzensguter, treuer, wohlmeinender Mann; aber die *Armut* hatte die Stelle seiner *Seele* eingenommen. Ohne Glück keine Gesundheit, ohne Gesundheit kein Mensch! T

159. Deutschland hat ohne allen Zweifel bedeutendere Dichter gehabt, wie ich bin; aber in einem Punkt bin ich den größten meiner Vorgänger gleich: in dem heiligen Ernst und der sittlichen Strenge, womit ich meine Kunst ausübe, weiche ich keinem, und wenn ich auch nichts über meine Zukunft weiß, dies weiß ich, daß meine Zeit einer späteren gegenüber ihre eigene Moralität gar nicht ärger verdächtigen kann, als durch die Zweifel, die sie in die meinige setzt! V S

160. Alle solche spitze Gedanken sind nur Versuche, sich der Wahrheit zu bemächtigen. Oft blinkt das reine Gold heran, aber das Netz zerreißt unter seiner Last, es ist nur für Goldfische gemacht! O Gehirn! O Herz! T

Register

(Die Zahlen bezeichnen die Nummern der Zitate.)

Quellen

Wolfgang Lorenz
Friedell und Hebbel

Im Leben eines jeden Menschen ereignen sich ganz unbedeutende Momente, die aber für den Geist nicht unbedeutend sind. In ihnen vollzieht sich eine ahnungsvolle Einsicht, die ihm die Gewißheit vermittelt, daß darin das Tor der Geheimnisse einen Spalt aufgegangen ist. Ein solcher Augenblick muß Egon Friedell zuteil geworden sein, als er auf den Satz des Anaximander stieß, den er in seiner Einleitung zu diesem Buch zitiert: »Woher die Dinge gekommen sind, dahin müssen sie auch wieder zurück zu ihrem Untergang: so will es das Gesetz; denn sie müssen Buße tun für das Unrecht, daß sie vorhanden waren.« Ein Satz, der seiner Weltsicht so diametral entgegensteht, daß er ihn bis an sein Lebensende faszinierte. Noch in seinem letzten ausgeführten Buchmanuskript schrieb er: »Dies ist einer der tiefsten Gedanken, die jemals gedacht wurden: die Individualität eine Schuld, ein Abfall vom ewigen Urgrund, und die Sühne dafür die Rückkehr in den Schoß der Weltseele!« So ist es kein Zufall, daß er sich in seinem zweiten Band aus einer Reihe, die Lothar Brieger-Wasservogel in Stuttgart herausgab, »Aus der Gedankenwelt großer Geister«, mit Friedrich Hebbel befaßte. Denn keiner in neuer Zeit war so durchdrungen von der düsteren Erkenntnis des Anaximander wie dieser. Es läßt sich nicht mehr sagen, als daß zwischen Hebbel und seinem Bearbeiter und Kommentator

Friedell eine geistige Verwandtschaft besteht, die man höchstens eine unterirdische oder kryptogamische nennen könnte. Sie besetzen in ihren Charakteren so sehr die äußersten Gegenpole, daß sie sich von der anderen Seite schon wieder berühren. Lichtenberg schreibt in seinen nachgelassenen Bemerkungen, in eines jeden Menschen Charakter sitze etwas, das sich nicht brechen lasse – *das Knochengebäude des Charakters*; und dieses ändern wollen heisse immer, ein Schaf das Apportieren lehren. Er meinte jenen in allem Tun gegenwärtigen Ausdruck der Persönlichkeit, die, um in der kantischen Terminologie zu reden, dem intelligiblen Charakter zugehört, der immer gegenwärtig, sich unfaßbar hinter seiner empirischen Erscheinung birgt. Der Mensch sieht sich gewöhnlich als Geist und Körper; aber die Sache ist eben viel komplizierter, denn er ist auch mehr als beides. Kants Denkgebäude wurde schon nach allen Richtungen hin durchforstet, über seine tiefe Lehre vom intelligiblen Charakter ist noch viel zu wenig nachgedacht worden.

In seinem großen Landsmann Nestroy erkannte Friedell schon deshalb einen Philosophen, weil dieser *kein* System besaß. Hebbels *Tagebücher* sind bis heute dem Vorurteil des deutschen Lesers zum Opfer gefallen, »literarische Leistungen müßten notwendigerweise ein zusammenhängendes Konzept vorweisen«. Sein Ruhm ruht noch heute auf seinen Dramen, denen Friedell eine gewisse Patina und atmosphärische Unzugänglichkeit nachsagt, während das außerordentliche Genie des *Denkers* Hebbel ein eher anonymes Dasein fristet. Seine in dieser Form gar nicht zur Veröffentlichung bestimmten Texte, die er über Jahrzehnte

seinen Tagebuchheften anvertraute: ästhetische Betrachtungen zu eigenen und fremden Dichtungen, biogra-
phische Notizen, aus dem Augenblick geborene Einfälle,
Reflexionen, Beobachtungen: ein unerschöpflicher Ideen-
fundus, zeigen uns einen gewichtig zeitgemäßen Hebbel.
Merkwürdig, daß gerade die am wenigsten mit dem Blick
auf den Leser geschriebenen Aufzeichnungen, die ganz pri-
vaten, die Selbstgespräche der Seele, meist die bedeutendsten sind. Was an uns am größten ist, das halten wir scheu,
vielleicht auch eigensüchtig zurück, das erachten wir selbst
oft als am wenigsten zur Mitteilung bestimmt.

Ein System, das in logischen Schritten einen wider-
spruchsfreien Gedankenbau anstrebt, hat den großen
Nachteil, daß es das Denken am Gängelband führt, den
freischwingenden Gedanken stets von neuem in ein
Bezugsnetz einfängt. Hebbels aphoristische Gedanken-
führung ersetzt das schrittweise, auf Voraufgehendes ba-
sierende durch das »offene Denken«, das Denken in freier
Assoziation und Kombination. Ein System konstituiert
eine Ordnung, die auf Kosten von Möglichkeiten geht.
Vielseitiges Denken öffnet neue Wege, System ist Verstei-
nerung. Nietzsche bewertet scharf: »Ich mißtraue allen
Systematikern und gehe ihnen aus dem Weg. Der Wille zum
System ist ein Mangel an Rechtschaffenheit.«

Friedells zahlreiche Essays, »Vermischte Meinungen
und Sprüche«, in denen er ein freies, moussierendes Spiel
seiner Gedanken betreibt, dienten ihm gleichsam als Kri-
stallisationspunkte, um die er seine spätere *Kulturgeschichte der Neuzeit* wachsen ließ. Dort bedient sich der
Historiograph und Geschichtsphilosoph Friedell des vom

Essayisten und Aphoristiker Friedell erarbeiteten Materials. Ihm war die Kraft gegeben, seine durchaus heterogenen Ideenmassen zu einer Einheit zu binden, dank seines dramatischen Organs. Er wußte sich dazu berechtigt, weil es eben keine diskursive, sondern eine historische Einheit ist, was so gut wie das Gegenteil davon bedeutet. Sein dramatisches Talent ließ ihn den Stoff der Geschichte ergreifen und abstrakte Ideen in die bunte Bewegtheit von Bildern umsetzen. Sein Werk fügte sich um so zwangloser, als er so wie Hebbel eine erstaunliche Frühreife des Stils ausgebildet hatte, daß ein Bruch zwischen Früh- und Spätgeschriebenem nicht auszumachen ist. Vergleiche hierzu finden sich am ehesten in der Musik, zum Beispiel bei Berlioz oder Mahler, deren Früh- und Spätwerke eigentlich keine stilistischen Divergenzen aufweisen.

Von Lichtenberg sagt Friedell, sein gestalterisches Grundpathos sei eine Art Zuschauerleidenschaft gewesen. Eine Gabe, die er zu ganz ungewöhnlicher Hellsichtigkeit entwickelt hatte. Von seinen Zeitgenossen sei er aber bloß für einen Karikaturisten und Sonderling gehalten worden. In Letzterem spricht Friedell, wie zumeist, von sich selbst, ganz ebenso, wenn er in Jacobsohns kulturkritischer Wochenschrift »Die Schaubühne« Hebbels geistige Physiognomie umreißt; er schreibt dort: »Denken ist eine Leidenschaft, das heißt: eine Lust und zugleich ein Schmerz. Denken ist höchster Selbstgenuß und höchste Selbstzerstörung: Im Denken bejaht sich die Menschheit aufs tiefste, denn sie erkennt sich als Spitze und Sinn der Weltentwicklung, und im Denken verneint sich die Menschheit aufs tiefste, denn sie erkennt sich in ihrer Widersprüchlichkeit und

Unberechtigtkeit. Im Denken berechnet der Mensch seine Unberechenbarkeit, er ist in dem Maße Pessimist, als er Denker ist, und dennoch ist das Denken die sublimste, raffinierteste ›Verführung zum Leben‹. Darum ist das schöpferische, produktive Denken nicht eine Art Buen Retiro, in dem der Geist von Zeit zu Zeit Ruhe sucht und findet, sondern im Gegenteil ein Kampfplatz, auf dem die verwikkeltsten und gefährlichsten Schlachten geschlagen werden. Denken ist ein Kampf, ein Kampf des Denkers mit seinen Objekten, die er durchleuchten will, und ein Kampf des Denkers mit sich selbst, mit seinen Problemen und Widersprüchen. Unter die Denker dieser Art, die die einzigen berufenen sind, gehört Friedrich Hebbel.«

In seiner *Kulturgeschichte*, fast zwei Jahrzehnte später entstanden, beleuchtet Friedell einen weiteren Aspekt von Hebbels Persönlichkeitsstruktur. In Kategorien modernster Psychologie exemplifiziert er dort das Problem der Genialität schlechthin. Es war ihm natürlich augenfällig geworden, daß in Hebbels Dramen blutige Szenen nicht die Ausnahme sind, daß bei ihm – das zeigen auch seine Tagebücher – ein unverhältnismäßiges Interesse an Verruchtheiten und Schreckenstaten vorherrscht. Goethes Ausspruch: »Ich habe niemals von einem Verbrechen gehört, das ich nicht hätte begehen können«, wird Friedell zum Schlüsselwort: »Ein Verbrechen, das er nicht begehen könnte, läge außerhalb des Bereichs seiner Schilderung. Er braucht aber kein Verbrechen zu begehen, weil er sie künstlerisch zu gestalten vermag. Es ist ein sehr tiefes Selbstbekenntnis, vielleicht tiefer, als er selbst ahnte, wenn Hebbel schreibt: ›Daß Shakespeare Mörder schuf, war seine Rettung, daß er nicht selbst Mörder zu werden brauchte‹.« – Die Flucht in die Produktion. In anderem Zusammenhang paraphrasiert Friedell seinen Gedanken: »Die Künstler werden zu den Verirrungen des Lebens, den dunkeln Leidenschaften und ihren Verstrickungen immer mit magischer Gewalt hingezogen. Welche fürchterlichen Magazine menschlichen Frevels sind Shakespeares Dramen oder Dantes *Göttliche Komödie*! Der Künstler sucht diese Dinge auf, denn er weiß: hier sind die lehrreichen Verwicklungen, die tiefen Geheimnisse, die aufregenden Bewegungen, die er so notwendig braucht wie der Baumeister die Steine. Aber zugleich ist der Künstler der sittlichste Mensch, denn er ist voll Mitgefühl für alle und alles, und seine Sehnsucht ist die Höherentwicklung der Menschheit.«

Hebbel war Pessimist. Er trug schwer unter der Last seiner Veranlagung. Es wäre zeitgemäß, diese milieutheoretisch deuten zu wollen, jedoch sicher zu billig. Noch mehr: Hebbel litt unter seiner Weltsicht, er lebte ein tragisches Dasein. Aber es war seine ureigene Wahrheit, die ihm gleichsam physiologisch war; keine Neuheit, dennoch originell. Ein wahrhaftiger Mensch ist immer originell, auch wenn er an Dinge glaubt, die schon andere gefunden haben. Denn was er glaubt, glaubt er aus eigener Notwendigkeit. Hebbels Pessimismus war sein tragendes Weltgefühl, das ihn trug und das er weitertrug, um das sich sein ganzes Werk gruppiert.

Friedell war Skeptiker – im Sinne des intellektuellen Zweifels – so radikal, daß er sich schon wieder dem Mystizismus näherte; man kann auch sagen, er war Humorist: Denn Humor ist eine Form der Religion, nur wer über den

Dingen steht, vermag sie zu belächeln. »Es ist ein tiefes Nichternstnehmen der Welt und ihres Laufes, das seine Wurzel aber nicht in der Frivolität und Gedankenlosigkeit, sondern im Gegenteil in einer weisen, gütigen Seele hat. Am meisten davon hat Shakespeare, der eben darum auch die stärkste dramatische Kraft ist, aber im Grunde haben es alle Dramatiker gehabt von Kalidasa bis Maeterlinck.« Der Schritt vom Skeptiker zum Homo religiosus scheint nur auf den ersten Blick ungereimt: Friedells Gedankenwelt war durchaus idealistisch ausgerichtet, genauer: phänomenalistisch. Dies wird schon unverkennbar an der Vehemenz, mit der er alle dem Materialismus angenäherten Anschauungen verspottet. Die philosophische Rangordnung, die er dem Denken des Novalis zuordnet, kann mit einiger Großzügigkeit auch auf ihn selbst angewandt werden. Danach sind alle Philosophien im Grunde nur Gradationen des Idealismus. »Alle Weisheit und Philosophie ist *Gedankenreich* und darum Idealismus. Der Realismus ist nichts anderes als ein roher Idealismus, ein Idealismus aus der ersten Hand. Realist ist der Idealist, der von sich selbst nichts weiß. Auch der Skeptizismus ist nur ein unreifer Idealismus.« Er bedarf der Vollendung. Diesen letzten wesentlichen Schritt hat Friedell geleistet: »Ein jeder echte Künstler teilt mit den wahrhaft religiösen Naturen den Glauben an eine Welt geheimnisvoller, höherer Kräfte, deren Wesen kaum geahnt wird und deren Wirken dennoch unbestreitbar ist, denn es äußert sich in den lebendigsten und tiefsten Regungen der Seele. Dem tiefer Blickenden erscheint das Dasein von unzähligen Wundern und Rätseln erfüllt, und er erkennt, daß die wahre Erklärung für viele Dinge des

Lebens ihre Unerklärbarkeit ist.« Aus solcher Sicht war Friedell durchaus Mystiker. Wir können die Welt zwar nicht erklären, höchstens bis zu einem untergeordneten Grad, aber wir können sie verklären. »Das Gefühl vollkommenen Widerspruchs in allen Dingen«, das Friedell zum Skeptiker werden läßt, ist auch die Quelle seiner Gewißheit: Weil das Böse die Welt beherrscht, weil es zum Gemeinplatz geworden ist, erweist es seine Unbedeutendheit; weil der Tod ein allgemeines physisches Phänomen ist, beweist er seine Gewichtlosigkeit. Könnte der Tod uns etwas anhaben, dann gäbe es ihn nicht. »Wenn überall das Verhängnis lauert«, meint Thoreau, »müssen wir einsehen, wie gering es zu veranschlagen ist. Ein Weiser gewinnt daraus den Eindruck allgemeiner Unschuld. Gift ist am Ende nicht giftig, keine Wunde ist tödlich.«

Thomas Carlyles Zeitgenossen nannten ihren großen Landsmann – für uns sehr schwer übersetzbar – »the best talker in England«. Man muß dabei bedenken, daß sich im Gegensatz zu den Deutschen bei den Engländern und Franzosen die Unterhaltung zu einer gesellschaftlichen Kunstform ausgebildet hatte. Während der englische »talker«, auf umfassender Bildung und Belesenheit gründend, seine Gedanken breit ausführend vorträgt, einen lehrhaften Ton peinlich meidend den Stoff mit humoristischen Einwürfen und ironischer Distanziertheit würzt, neigt der französische »causeur« zur epigrammatischen Kürzung, zum scharfen Zuschliff, zum gespitzten Gedanken. Friedell ist unter den deutschen Autoren eine der ganz wenigen Ausnahmen, in der sich beide Elemente zu einer unverwechselbaren und prickelnd anregenden Mischung vereinen. Er hatte seine besondere Art in dem Vermögen, die Dinge in gleicher Weise zu analysieren, wie sich über sie zu amüsieren. Humor kann nur auf dem Boden einer festgegründeten Welterkenntnis gedeihen, welche die dem menschlichen Dasein innewohnenden unauflöslichen Widersprüche als ein nicht eliminierbares Kriterium der Welt akzeptiert; denn erst sie verleiht die Freiheit und Gelassenheit, die Dinge in anderem Zusammenhang, in ungewohnter Anordnung zu begreifen, sie auf den Kopf zu stellen, worin das formale Wesen des Humors besteht. Sein »formales«: Wir werden uns hüten, sein eigentliches Wesen definieren zu wollen; er ist unergründbar, unbesprechbar, ein berauschender Duft, der alle Lebensäußerungen durchsetzt, er ist eine Gnade.

Hebbel wollte sich niemals ins Reich befreiender Heiterkeit emporringen. Wenn Hebbel humoristisch wird, so sei dies, als ob eine Hyäne Pfötchen gäbe, bemerkt Friedell. Vielleicht war das Hebbels eigentliche Tragödie. Aber manchmal halten wir für Unvereinbarkeit der Charaktere, was in Wahrheit nichts als Verschiedenheit der intellektuellen Erkenntnisweise ist. Denn hier schließt sich der Kreis: Man kann die Welt »tragisch« nehmen, und man kann die Welt »komisch« nehmen, beide sind Seiten derselben Münze, man kann sie aber nicht »ernst« nehmen.

Was erscheint an Hebbel modern oder zumindest aktuell? Nun, Friedell macht in ihm einen *Dialektiker* aus, einen »dramatischen Hegel«. Er hatte Hegel nicht nur gelesen, er hat ihn auch umgesetzt in seinen Dramen. Nur – und das ist Friedells Kritik an ihm – er sei ein nicht fertig gewordener Dialektiker, seinen Bühnengestalten fehle die Fähigkeit zur

Synthese. Hebbel habe es an dem, was man ganz unphilosophisch »Liebe« nenne, gemangelt, um diesen Schritt zu vollziehen, einen so wesentlichen Schritt, daß sich an ihm der wahre Dichter erweise.

Indem Marx und Engels Hegels geistvolles Denkprinzip zu einem allgemeinen Gestaltungsgesetz der materiellen Welt verbogen, haben sie den ganzen Vorgang in Mißkredit gebracht. Kants Kritik der Dialektik, die dieser gleichsam vorweggenommen hatte, ließ sie dabei völlig unbeeindruckt: »Nun kann man es als eine sichere und brauchbare Warnung anmerken: daß die allgemeine Logik als Organon betrachtet, jederzeit eine Logik des Scheins, d. i. *dialektisch* sei.« Denn sie lehrt uns durchaus nichts »über den *Inhalt* der Erkenntnis«, sondern lediglich »die formalen Bedingungen der Übereinstimmung mit dem Verstande, welche übrigens in Ansehung der *Gegenstände* völlig gleichgültig sind«. Kant definiert die allgemeine Logik als negative Bedingung aller Wahrheit: Sie ermöglicht uns, herauszufinden, daß bestimmte Urteile unrichtig, bestimmte Sachverhalte inkompatibel sind. Mit der Dialektik aber, die zu jeder These eine Antithese behauptet, können wir nur insofern Aussagen machen, als die Sachverhalte, auf die sich die Thesen beziehen, *wirklich* sind; sie müssen also von der Realität jederzeit bestätigt werden können oder in ihr nachvollziehbar sein. Dieser Kritik eingedenk erblickte Friedell dennoch in Hegels Denkmethode eine zukunftweisende und befruchtende Konsequenz, ein greifbares Instrument zur Überwindung des positivistischen Weltbildes. Aber erst seine Überzeugung vom Denken als einer *produktiven*

Kraft im Sinne des »magischen Idealismus«, so wie er sich diesen auf Novalis fußend angeeignet hatte, macht sie zu einem Wirklichkeit schaffenden und zukunftsträchtigen Prinzip.

Man wirft den Dichtern immer wieder vor, daß ihr Weltbild aus ihren ästhetischen Grundanschauungen gezogen sei. Gerade aber der Vater des revolutionären Aufbruchs von 1968, Herbert Marcuse, gibt hier einen aufklärenden Hinweis. Er sagt nämlich, die Wirklichkeit müsse in der Kunst aufgehoben sein. Zwar bringe nur derjenige Kunst hervor, der die Realität überschreite, durch eigene Sprache eine eigene Welt erschaffe. Und diese Welt könne eben nicht in die Wirklichkeit übersetzt werden. Sie bleibe eine fiktive Welt: »Aber als solche nimmt sie eine *mögliche* Wirklichkeit vorweg. So korrigiert die Kunst ihren Scheincharakter.«

Egon Friedell
im Diogenes Verlag

»Ein brillanter und geistreicher Essayist, dessen Schriften sich durch die eigenwillige und gerade dadurch erfrischende Sehweise des Autors auszeichnen.«
Neue Zürcher Zeitung

»An die Stelle des Einblicks in das Detail tritt bei Friedell der Überblick über das Ganze: er wird, befand Karl Kraus ironisch, ›dem Herrn Shaw so gerecht wie einem Schiller, und er versteht Busch so gut wie Wedekind‹.« *Frankfurter Allgemeine Zeitung*

Die Rückkehr der Zeitmaschine
Phantastische Novelle

Vom Schaltwerk der Gedanken
Ausgewählte Essays zu Geschichte, Politik,
Philosophie, Religion, Theater und Literatur
Herausgegeben von Daniel Keel und Daniel Kampa

*Kulturgeschichte
des Altertums und der Neuzeit
in zwei Bänden im Schuber*

Band I:
Kulturgeschichte des Altertums
Kulturgeschichte Ägyptens und des Alten Orients
Kulturgeschichte Griechenlands
Leben und Legende der vorchristlichen Seele
Auch als Taschenbuch sowie als
Diogenes Hörbuch im MP3-Format erschienen,
gelesen von Achim Höppner

Band II:
Kulturgeschichte der Neuzeit
Die Krisis der Europäischen Seele
von der Schwarzen Pest bis zum Ersten Weltkrieg
Mit einem Nachwort von
Ulrich Weinzierl
Auch als Taschenbuch sowie als
Diogenes Hörbuch im MP3-Format erschienen,
gelesen von Achim Höppner

Das Egon Friedell Lesebuch
Herausgegeben von Heribert Illig

Ralph Waldo Emerson
im Diogenes Verlag

1803 in Boston geboren, beendete Ralph Waldo Emerson nach drei Jahren seine Berufstätigkeit als Prediger. »Wer ein Mensch sein will, der muß Nonkonformist sein« – so die Überzeugung, der er folgte. Er selbst nannte seine Gedanken ›Kinder des Waldes‹, seine an Montaigne geschulten Essays galten als die intellektuelle Unabhängigkeitserklärung Amerikas. Schon zu Lebzeiten wurde er als Prophet verehrt, sein Tod 1882 von ganz Amerika betrauert.

Natur

Herausgegeben
und aus dem Amerikanischen übertragen
von Harald Kiczka
Mit einem Nachruf auf Emerson
von Herman Grimm

»Zu Lebzeiten als Prophet verehrt, bei seinem Tod von ganz Amerika betrauert, war Emersons Einfluß auch in Deutschland groß. Seine Theorie der Natur, des Lebendigen, der Schöpfung ist kein System der Naturwissenschaft, sondern der Versuch, alles Sichtbare in einfache Kategorien zu bringen und den Menschen in den Mittelpunkt zu stellen. Die Souveränität der Persönlichkeit, der unabhängige Mensch war sein Anliegen.« *Österreichischer Rundfunk, Wien*

»Es ist zwecklos, ja unmöglich, Emersons Philosophie zu reproduzieren oder zu erläutern, denn wie ein Kristall oder eine Landschaft beschreibt und kommentiert er sich selbst. Seine Sätze sind da, unvorbereitet, undiskutierbar, gleich Matrosensignalen aus einer nebelhaften Tiefe. Man kann Emerson nicht widersprechen. Seine überzeugende Kraft beruht ja eben darauf, daß er alles aus seinem inneren Diktat schöpft und nichts dazutut. Er hält still, lauscht auf sein Herz und schreibt mit.« *Egon Friedell*

»Ich sehe in ihm eines der wertvollsten Vermächtnisse des nachgoetheschen Jahrhunderts.«
Ernst Robert Curtius

Von der Schönheit des Guten

Betrachtungen und Beobachtungen
Ausgewählt, übertragen und mit einem Vorwort von
Egon Friedell. Mit einem Nachwort
von Wolfgang Lorenz

»Seine Gedanken sind heute für uns jung, denn sie kommen aus einem Weltteil, der sich rascher und unter anderen Bedingungen entwickelt hat als der unsrige. Aber sie werden auch in späteren Zeiten niemals altern und den Zeitgeschmack überdauern, denn Emerson schöpft aus zwei Quellen, die immer frisch bleiben: aus der Natur und aus seinem Herzen. Daher hat er allen Menschen und allen Zeiten etwas zu sagen.« *Egon Friedell*

»Emerson hat jene gütige und geistreiche Heiterkeit, welche allen Ernst entmutigt; er weiß es schlechterdings nicht, wie alt er ist und wie jung er noch sein wird.« *Friedrich Nietzsche*

Michel de Montaigne
im Diogenes Verlag

»Nur zwölf Generationen trennen uns von diesem gesunden Einzelexemplar zwischen den Zeiten. Nur? Wenn es um Liebe und Eifersucht, um Schmerzen und Angst, Selbsterkenntnis und selbst gelegte Fallen im Alltag geht, ist Michel de Montaigne Zeitgenosse.« *Mathias Greffrath*

»Daß ein solcher Mensch geschrieben hat, dadurch ist wahrlich die Lust, auf dieser Erde zu leben, vermehrt worden.« *Friedrich Nietzsche*

Essais
nebst des Verfassers Leben nach der Ausgabe
von Pierre Coste, aus dem Französischen
übersetzt von Johann Daniel Tietz
Mit Personen- und Sachregister sowie einem Nachwort
zu dieser Ausgabe von Winfried Stephan
3 Bände im Schuber oder in Kassette

Tagebuch einer Reise nach Italien
über die Schweiz und Deutschland
Deutsch von Ulrich Bossier
Mit einem Vorwort von Wilhelm Weigand

Denken mit Michel de Montaigne
Eine Auswahl aus den Essais,
vorgestellt von André Gide
Deutsch und mit einem Nachwort
von Hanno Helbling

Über Montaigne
Aufsätze und Zeugnisse von Blaise Pascal bis Elias Canetti
Herausgegeben von Daniel Keel
Deutsch von Irene Holicki und Linde Birk
Mit Chronik und Bibliographie

Michel de Montaigne
Eine Biographie von Wilhelm Weigand

Matthias Greffrath
Montaigne heute
Leben in Zwischenzeiten